高原高寒地区灾害现场生存保障装备体系概论

王吉武　张世富　主　编

哈尔滨工程大学出版社
Harbin Engineering University Press

内容简介

本书在系统梳理国外装备体系构建方法、应急装备体系以及我国高原高寒装备发展现状调研的基础上，研究高原高寒地区灾害现场生存保障装备体系构建方法；通过对高原高寒地区地域范围、灾害类型、救援模式和涉及人员进行分析，确定高原高寒地区灾害现场生存保障装备体系的边界范围；此外，通过对高原高寒地区灾害现场生存保障的使命任务和面临的典型灾害风险进行分析，研究高原高寒地区灾害现场生存保障的任务需求和能力需求，并以能力需求为导向构建高原高寒地区灾害现场的生存保障装备体系；最后，针对生存保障装备体系中的重点方向，开展典型技术图谱和保障能力评估方法的探索研究，为加强高原高寒地区灾害现场生存保障装备产品开发和后续体系完善奠定基础。

本书可作为政府应急管理人员政策制定、企事业单位应急装备科研人员产品开发、应急救援队伍装备选配的参考用书。

图书在版编目(CIP)数据

高原高寒地区灾害现场生存保障装备体系概论/王吉武，张世富主编. —哈尔滨：哈尔滨工程大学出版社，2020.11

ISBN 978-7-5661-2789-1

Ⅰ.①高… Ⅱ.①王…②张… Ⅲ.①高原-寒冷地区-灾害防治-装备保障-保障体系-研究 Ⅳ.①X4

中国版本图书馆 CIP 数据核字(2020)第 184363 号

选题策划 马佳佳
责任编辑 马佳佳
封面设计 刘长友

出版发行 哈尔滨工程大学出版社
社　　址 哈尔滨市南岗区南通大街 145 号
邮政编码 150001
发行电话 0451-82519328
传　　真 0451-82519699
经　　销 新华书店
印　　刷 北京中石油彩色印刷有限责任公司
开　　本 787 mm×1 092 mm 1/16
印　　张 8.25
字　　数 216 千字
版　　次 2020 年 11 月第 1 版
印　　次 2020 年 11 月第 1 次印刷
定　　价 49.80 元
http://www.hrbeupress.com
E-mail:heupress@hrbeu.edu.cn

编 委 会

主　编　王吉武　张世富

副主编　张英香　郭建华　胡永攀

编　者　（按姓氏笔画排序）

丁江平　王永杰　毛育文　孔祥鹏

孙成功　李亚政　吴　娣　宋　凯

宋烜懿　陈　健　范　壮　金　浩

赵英杰　赵杰超　姚　江　胡熔辉

秦挺鑫　黄肖静　潘长城

前　言

我国高原高寒地区面积广阔，且是自然灾害的高发区。以青藏高原为例，青藏高原是我国地震活动强烈、大地震频发的地区，7.0 级以上大震次数居全国地震区之首，也是滑坡、泥石流等自然灾害的高发区。自然灾害造成了巨大的人员伤亡和财产损失。总体来看，目前我国在高原高寒应急装备领域尚处于起步阶段，生存保障装备现状尚不清晰，装备体系顶层设计更是处于空白阶段。开展高原高寒地区灾害现场生存保障装备体系研究，对于应急救援装备产业发展具有较强的引导作用。

本书依托国家重点研发计划项目“高原高寒地区生存保障装备体系及配套标准”（项目编号:2017YFC0806301），以应急救援队伍和受灾群众为研究对象进行论述。项目组成员先后调研了中国地震应急搜救中心、国家减灾中心、中国标准化研究院、军事科学院系统工程研究院、空军油料研究所、陆军装甲兵工学院、陆军勤务学院、海军后勤技术装备研究所、北京科技大学、天津大学等 10 余家科研院所、高校，召开咨询、研讨会 30 余次，较为系统地研究了我国高原高寒地区灾害现场的生存保障装备体系。书稿先后经历了多轮专家审查，最终成形。

本书聚焦我国高原高寒地区灾害现场的生存保障问题，首先在国外装备体系构建方法、应急装备体系以及我国高原高寒装备发展现状调研的基础上，研究高原高寒地区灾害现场生存保障装备体系构建方法；其次，通过对高原高寒地区地域范围、灾害类型、救援模式和涉及人员进行分析，确定高原高寒地区灾害现场生存保障装备体系的边界范围；再次，通过对高原高寒地区灾害现场生存保障的使命任务和面临的典型灾害风险进行分析，研究高原高寒地区灾害现场生存保障的任务需求和能力需求，并以能力需求为导向构建高原高寒地区灾害现场的生存保障装备体系；最后，针对生存保障装备体系中的重点方向，开展典型技术图谱和保障能力评估方法的探索研究，为加强高原高寒地区灾害现场生存保障装备产品开发和后续体系完善奠定基础。

本书正文共包括 8 章。其中，第 1 章绪论是导入部分，主要论述国内外应急装备及体系发展概况，并介绍了我国高原高寒地区生存保障装备体系建设需求、构建思路与框架；第 2 章是体系构建方法部分，主要论述国外先进的装备体系构建方法、优势及对我国的启示，我国高原高寒地区应急领域生存保障装备及其体系化发展情况，以及适用于我国应急装备发展现状的生存保障装备体系构建方法；第 3 章是体系边界分析部分，主要论述高原高寒地区的范围界定、典型自然灾害类型、灾害现场应急救援模式及涉及人员类别划分等问题；第 4 章是生存保障任务需求分析部分，主要论述我国高原高寒地区生存保障任务需求分析方法，重大自然灾害发生后受灾群众和应急救援人员面临的主要生命安全风险，以及应对这些风险应具备的相关生存保障能力等内容；第 5 章是生存保障能力需求分析部分，主要论述与生存保障任务对应的能力需求分析方法，灾害现场生存保障能力分析、梳理、指标优化与聚合等内容；第 6 章是装备体系构建部分，主要论述与我国高原高寒地区灾害现场生存保障任务、能力相对应的生存保障装备类型、名称、技术指标及特点、保障对象等内容；第 7 章是典型技术图谱探索研究部分，主要论述生存保障装备技术图谱绘制方法，我国高原高寒地区生存保障装备技术图谱构建总体思路，以及典型装备技术图谱介绍等内容；第 8 章是装备保障能力评估部分，主要论述生存保障装备保障能力评估流程、评估方法及实证分析等内容。

由于我国应急装备体系设计理论、方法和实践研究尚处于起步阶段，因此本书对我国高原高寒地区灾害现场生存保障装备体系的研究难免存在着一些问题和不足，这既有本研究涉及领域较为前沿，作者视角和能力有限的原因，也有研究深度不够的原因，不成熟之处我们将在今后的研究中逐步完善。期待本书能够引发读者对高原高寒地区灾害现场生存保障装备体系构建等问题的深入思考，为提升我国特殊灾害环境下的灾害应急生存保障能力、促进相关应急装备发展尽微薄之力。

在课题研究和本书编写过程中，应急管理部科技与信息化司、消防救援局、救援协调局给予了大力支持，在此深表感谢！

编　者

2020 年 8 月

目　录

第1章 绪 论

1.1 国内外应急装备及体系发展概况

近年来,全球范围内自然灾害和事故灾难频发,地震、森林火灾、城市内涝等呈现高发态势,造成重大生命财产损失和严重的社会影响。2019 年国际应急管理学会(The International Emergency Management Society,TIEMS)年会报告指出:"2007 至 2017 年间,全球发生 3 540 起事故灾难,导致 683 020 人死亡,21 亿人受到灾害影响。仅 2017 年,全球由自然灾害和事故灾难导致的直接经济损失高达 3 370 亿美元。随着全球气候变暖,各类事故灾难呈现增加趋势。"2020 年 7 月 8 日,世界自然基金会(WWF)发布一份报告,显示 2019 年到 2020 年发生的澳大利亚丛林大火,造成了近三十亿只动物死亡或流离失所。2020 年 1 月,美国多地遭遇暴风雨雪天气,至少 11 人在恶劣天气引发的各类事故中丧生,恶劣天气还导致多地电力供应中断。1 月 10 日开始,暴风雨雪天气侵袭得克萨斯、俄克拉荷马、路易斯安那、阿肯色、密西西比、亚拉巴马、田纳西、佐治亚、密苏里、伊利诺伊、印第安纳等州,多地电力供应中断,逾千架次航班被取消。2020 年 1 月 15 日,巴基斯坦的雨雪灾害造成 93 人死亡,另有 53 人受伤。特别是 2020 年突发的新冠肺炎疫情,更成为一次深刻影响全球的公共卫生事件,个体防护装备、医疗装备等应急装备物资短缺问题突出,对重大灾情国际合作、重大危机管控、应急物资储备、持续支援能力、应急装备快速生产转产、应急科研等都提出了巨大的挑战。

近年来,多次发生的重大灾害救援实践表明,应急装备作为支持应急管理和应急救援的装备,是处理突发事件、实施应急救援的重要物质基础。先进可靠的应急装备作为科技支撑能力的重要载体,更是在特殊灾种、特定环境、特定时段的灾害救援中发挥着不可替代的作用,各类重大灾害救援迫切需要核心应急装备支撑。为满足重大灾害救援对应急装备技术的需求,国外十分注重应急装备研发投入。如欧盟的科研资助框架——欧洲地平线(Horizon Europe),临时预算达 1 000 亿欧元。其中,"地平线 2020 计划(2018—2020)"设置了针对公共安全领域的研究专题,支持开展森林火灾防治、灾害应对、公民救援、反恐和边境安全等方面的合作研究项目。美国、德国、日本等发达国家特别注重紧急情况下技术与装备支持保障,其应急装备研发起步较早,已逐步形成较为成熟的应急装备研发、生产、销售和培训的应急产业链条和装备体系,研制的系列应急装备投入实战,有效提高了抢险救援和应急处置行动的效率。

我国应急装备发展整体起步较晚,还存在基础理论研究不足、体系保障能力不强、自主创新性成果缺乏、部分应急装备先进性不够等问题,总体技术水平与国外领先国家相比还有差距,一些关键安全与应急技术装备依赖进口。为提升产业整体水平,近年来,我国相继出台了一系列政策,支持应急装备研发,促进应急服务发展。2014 年《关于加快应急产业发展的意见》(国办发〔2014〕63 号)提出了"加快关键技术和装备研发"这一主要任务,指出要"通过国家科技计划(专项、基金等)对应急产业相关科技工作进行支持,推动应急产业领域科研平台体系建设,集中力量突破一批支撑应急产业发展的关键共性核心技术”。2017 年 7 月 10 日,工业和信息化部颁布《应急产业培育与发展行动计划(2017—2019 年)》,提出了十三类标志性应急产品和服务,指出:“围绕产业链部署创新链,加强关键核心技术攻关,提高应急产业创新能力。在基础研究方面,解决事故灾难机理、典型应急产品设计、应急物流演化、防护新材料等前沿基础科学问题。在共性技术研发方面,突破极端自然灾害、重大事故灾难、突发公共卫生和社会安全事件监测预警,重大基础设施安全防护和人员防护,灾害信息获取、生命搜索救护、现场保障、抢险救援处置,社会化应急救援服务等关键技术。在技术转移转化方面,加快推进消防、安防、生产安全、交通安全、医学救援、防灾减灾、反恐防暴等应急技术工程化,促进物联网、北斗导航、虚拟现实/增强现实、人工智能、新材料等高新技术应用于突发事件应对并形成新产品、新装备、新服务。”2018 年 10 月 10 日,中央财经委员会第三次会议提出:实施自然灾害防治技术装备现代化工程,加大关键技术攻关力度,提高我国救援队伍专业化技术装备水平。2019 年 11 月 29 日,习近平在中共中央第十九次集体学习时指出:“强化应急管理装备技术支撑。要优化整合各类科技资源,推进应急管理科技自主创新,依靠科技提高应急管理的科学化、专业化、智能化和精细化水平。”为落实党和国家关于应急产业发展的部署,国家相关部门对公共安全和应急装备技术研发给予高度重视。在国家“十二五”“十三五”科技发展规划中,科技部不断加大对应急装备科研的支持力度。2017 年 4 月 25 日,科技部颁布《“十三五”公共安全科技创新专项规划》,提出了应急装备研发的具体目标和重点任务。随着国家有关应急产业发展各项政策的实施落地和整体科技水平的提升,我国应急装备种类逐渐丰富,性能更加先进,发挥的作用也更加明显。

1.1.1 国外应急装备体系发展概况

装备体系是指为有效完成使命任务,由功能上相互配套、性能上相互补充的各种装备及其系统,按照一定的结构综合集成的更高层次的装备系统。目前,装备体系相关研究主要源于军事领域,国外对装备体系的概念和定义尚未形成统一认识。从概念术语来看,国外军事、民用领域更多是采用“technology areas”“technology system of systems”“technology system”“technology group”,强调装备体系是一组技术群体的概念,如《美国国防部国防科学技术战略 2003》《空军计划 2025》《英国国防部国防技术战略 2006》等,较少直接用“装备”一词。部分还采用了技术群、技术方向等概念,如《美国国防科学委员会 21 世纪战略技术指向》中采用的是“technologies”,《DARPA 战略规划 2009》中采用的是“thrusts and technologies”,《法国国防计划署基础研究政策》(DGA Basic Reseach Policy 2007)中采用的是“directions and areas”。随着各国应急装备的发展和种类不断丰富,应急装备逐渐呈现出体系化、系列化和标准化的发展趋势。

1. 美国概况

美国是当前世界应急装备和产业最发达的国家之一,其在应急领域的研究成果被世界各国广泛借鉴应用。2007 年,美国联邦应急管理署(Federal Emergency Management Agency, FEMA)通过下属基金项目委员会颁布强制性授权装备目录(Authorized Equipments List, AEL)以推动国家应急能力和装备体系构建;2011 年再次修订颁布了国家备灾目标文件,进一步细化确定了 31 项应急备灾核心能力。2015 年公布的授权装备目录将应急装备分为 21 大类、84 中类、709 小类。这 21 大类包括个人防护装备、爆炸装置处置与补救装备、核生化/放射/爆炸环境搜救装备、信息技术及装备、网络安全增强装备、互操作通信装备、检测装备、洗消装备、医疗装备、动力装备、核生化/放射/爆炸数据库、核生化/放射/爆炸事件救援车、恐怖事件预防装备、人身安全保护装备、检查与扫描系统、动植物应急事件处理装备、核生化/放射/爆炸事件预防与响应船只、核生化/放射/爆炸事件航空装备、核生化/放射/爆炸事件后勤保障装备、武装干涉装备、其他授权装备。

2018 年初,美国联邦应急管理署新出台的《2018—2022 年度战略规划》,将“增强国家整体应急能力”作为实施的第二个战略目标,提出了在全国范围推广其“私营部门供应链管理方案”、建立健全“应急装备配置管理模式”等具体措施,进一步发展了国家应急装备体系。

公益性是应急装备的典型特征之一。应急装备生产企业的社会经济效益难以通过市场直接体现,国外发达国家政府注重从财政、税收、采购等方面给予应急装备政策支持。如美国国家(应急)准备系统(NPS),设有专门的国家备灾拨款计划(NPGP),用于美国联邦政府对应急准备(包括装备采购)的资金支持,明确了具体的拨款项目。2015 年美国国家备灾拨款计划项目达24 个,包括应急管理实施、公共运输安全、港口安全、应急行动中心等项目。2020 年 3 月 6 日,美国颁布《应对冠状病毒补充拨款法案》,批准 83 亿美元用于应对新冠肺炎疫情相关实验室硬件建设与升级、医疗救护用品等国家战略储备物资应急采购;2020 年 4 月 24 日,再次批准 4 840 亿美元应对新冠肺炎疫情援助法案,增加对小企业贷款项目、医院和新冠肺炎病毒检测机构拨款。

2. 德国概况

德国在应急管理方面具有丰富经验,特别是在应急救援队伍建设方面,无论是承担综合救援任务的消防队,还是其他救援机构,基本上都实现了标准化。以德国联邦技术救援署(THW)为例,它始建于 1950 年 8 月 22 日,1953 年正式成为一个联邦机构,隶属于德国联邦内政部。在建立伊始,德国联邦技术救授署旨在发挥战争中的民事防护作用。20 世纪 60 年代,德国联邦技术救授署开始参与灾害救援工作,并在近十几年来逐渐演变为多方面的灾害救援组织,因其标识为蓝色而被誉为“蓝色天使”。德国联邦技术救授署拥有 668 个地方协会,66 个区域分局,8 个州协会。每个地方协会拥有一个或多个技术救援排,每个救援排都由 1 个任务班、4 名志愿者、2 个救援组(每个组有 9 到 12 名志愿者,1 类组为 9 人,2 类组为 12 人)及一到三个技术组(每组有 4 到 18 名志愿者)构成。作为全国性的灾害救援机构,德国联邦技术救授署通过模块化的组织架构、程序化的管理模式、规范化的培训体系等实现了自身建设的标准化。在应急装备配置方面,也呈现体系化发展趋势。德国应急装备主要包括消防装备、联邦技术救援署装备等。

联邦技术救援署装备主要是指配备到其下属救援组的装备。其 2/3 的救援组为1 类或 2 类救援组,装备有重型工具,例如液压剪、链锯及气动锤等。救援组的装备都在标准规程中有所规定,例如 1 类救援组的车辆为技术设备卡车(GKW1),而 2 类救援组的车辆为 GKW2。德国联邦技术救授署的结构及装备的标准化,使得救援部署快速而有效。在过去的五年中,德国联邦技术救授署志愿者的救援任务时长已经达到了 533 129 小时,其任务包括:桥梁、指挥、控制及通信、狭小空间、爆破、电力供应、照明、基础设施、物流、油污处理、搜救、水资源破坏/泵、水危害、饮用水供给及处理等。每一个技术救援组都有相应装备,包括救援车辆及各类重型机械。除了船只、小型车辆、个人防护及救援工具,德国联邦技术救授署官方网站还公布了超过 40 种车辆及机械装备。

3. 日本概况

多年来，日本政府、学者在与自然灾害的长期抗争中，不断总结经验，建立了国家综合防灾治灾管理体系，不断加强防灾抗灾的科学研究和技术开发，取得了系列重大进展。日本建立了相对成熟的应急相关产业体系，形成了一套非常完善的防灾、减灾、抗灾、救灾的综合性灾害对策体制。

日本的应急救援等相关业务由消防部门组织开展。1948 年，日本颁发了《消防组织法》，自此日本消防部门脱离了警察机关，开始实行以市、町、村为中心的自治体消防机制。日本消防部门把防火作为消防的首要任务，并承担着台风、水灾、地震等自然灾害与事故的医疗救护、抢险救援任务。

日本政府十分重视消防法规的制定、修订，目前已拥有一套健全的消防法制体系。除《消防组织法》《消防法》《消防法施行令》《消防法施行规则》这几种主要消防法规外，还先后颁布了若干专项消防法令、法规。例如《市町村火灾预防条例及实施规则》《危险品规则》《建筑基准法施行规则》《火灾预防条例准则》《重大地震灾害对策特别措施法令》《液化石油气相关法令》等。各地方政府还根据本地实情制定地方条例。在高层建筑、地下工程的防火设计与管理上，日本有较完整的全国性和地方性法令规范，而且都是强制执行。

日本消防由“常备消防”和“非常备消防”两部分组成。“常备消防”由消防员 24 小时值勤备战。“非常备消防”也称“消防团”，主要从事初期火灾灭火以及协助消除二次灾害等工作，平时对社区居民进行必要的防火、救急指导、巡回宣传，并在举行大型活动时进行警戒。日本的消防装备精良，大部分消防部门配有 GPS 定位系统。一般一个消防救助中队配有一辆专门消防救助工作车，配有一般救助、障碍排除、切断、破坏、测定、呼吸保护、队员保护、搜索救助等系列救助器材。每一个救援队都有相应装备，包括救援车辆及各类特种装备。如东京消防厅消防救助队配有地震专用救助车、无人喷水车、高空喷水车、远距离大流量送水装备车、照明电源车、救护车、高空作业车、消防艇、消防直升机、消防机器人等具有各种特殊功能的救助车辆，并配图像探测机、红外线探测仪、声音探测机、夜视仪、生命探测仪等各种高科技救助器材。东京消防厅消防救助队配置了先进的液压式扩充医疗车。在平整地域，液压式扩充医疗车集装箱两边的门可自动打开，在方舱内部可展开 3 张临时医疗床，并配有手术台和无影灯。方舱展开过程只要 10 多分钟，在应急救援现场就可及时处理救出的伤员，实用性强。横滨市特别消防救助队还装备了特别救助工作车、耐热救助车、大型机动支援车等。

完善的应急救援装备集成生产是日本应急装备体系的突出特点之一。日本东京的帝纤株式会社、赤尾株式会社和千田株式会社都是综合性应急救援装备产销结合的大型配套企业，历史悠久。其特点是，企业掌握部分核心技术，选用其他企业先进技术或产品模块进行集成生产和销售，形成有一定规模的应急救援装备集成体系。如帝纤株式会社以生产各种水带为主，其水带质量好、实用性强、规格品种齐全。有些消防产品配件虽小，但设计巧妙、使用方便，帝纤株式全社以此为基础，组装了大型消防水带车，形成了企业优势和特色发展方向。千田株式会社是以提供医疗救助设备为主的企业，用 7 台集装箱卡车就能装备一个完整的中型移动式野战医院，且考虑到了救护人员和被救人员的吃住问题。该公司研制的野外诊疗车，可以远程转播现场救助实况，实现专家远程会诊。位于神奈川县的伸诚商事株式会社专做供自卫队用的野外移动炊事车，这种车配备柴油蒸汽动力，其一个装置可保障供应一个班，四个装置保障供应一个排，一辆卡车正好保障供应一个连队的主食。

位于神奈川县的福禄好福株式会社是专门装配集装箱式专用车辆的企业，以生产医疗救护集装箱为主。将集装箱改装为扩充式医疗房，集装箱两边展开后变成面积约25平方米的移动医疗房，可根据需要开展各种手术或作为病房。这种移动集装箱车最大的好处是在交通不便的地方采用直升机吊运，不依赖车辆运输，其机动性更强。

此外，日本研制了化学事故处理车、城市抢险救援车、特种灾害抢救车、超高压水力切割车、防灾训练指挥车和洗消设备等大型应急救援装备。

4. 英国概况

英国自然条件优越，少有巨灾，但是洪涝灾害不断、恐怖威胁形势严峻、生产安全隐患较多。英国作为世界应急管理先进国家，建立了完善的应急管理体系，积累了丰富的应急管理经验，常规应急救援装备配置完备。英国最主要的技术救援力量是消防部门。因此，应急救援装备主要也是配置到消防部门。配置的应急救援装备有消防车辆、八轮越野车、通信指挥车、越野运输车、水罐运输车等。但是，英国应急装备配备也存在短板，如2020年新型冠状病毒肺炎疫情期间，英国医疗防护设备短缺已经成为一线医护人员面临的最大挑战。由于个人防护设备短缺，医护人员存在较大的感染风险。英国应急救援装备主要遵循英国标准协会（British Standards Institution，BSI）倡导的技术标准。英国标准协会成立于1901年，经过100多年的发展，现已成为举世闻名的集标准研发、标准技术信息提供、产品测试、体系认证和商检服务五大互补性业务于一体的国际标准服务提供商，面向全球提供服务。作为全球权威的标准研发和国际认证评审服务提供商，英国标准协会倡导制定了世界上流行的ISO 9000系列管理标准，在全球多个国家拥有注册客户，注册标准涵盖质量、环境、健康和安全、信息安全、电信和食品安全等几乎所有领域。

5. 俄罗斯概况

俄罗斯时常发生自然灾害与突发事件。俄罗斯对应急救援设备越来越关注，每年大量进口各类救援设备以减少伤亡。俄罗斯进口应急救援装备以欧美产品为主。俄罗斯实行以紧急状态部为核心，其他有关部门协调配合的垂直管理体制。俄罗斯紧急状态部拥有联邦层面的消防队、民防部队、搜救队、水下设施事故救援队和船只事故救援队等多支专业力量。其中，国家中央航空救援队拥有多种专业救援设备和技术，如直升机和运输机、航空器材特种汽车、纤维光学设备、液压气压装置，以及特制潜水服、呼吸装置等。在消防救援装备方面，俄罗斯比较注重个人防护装备，2008年7月22日通过的《消防安全要求技术条例》中明确规定，必须配置使用个人防护装备，并对个人防护装备的类别及放置做了总体要求。

1.1.2　国内应急装备体系发展概况

在应急装备体系建设方面，国内在消防应急救援装备、地震应急救援装备等专用装备领域做了一些探索。如在消防应急救援装备体系建设方面，根据《消防应急救援装备配备指南》（GB/T 29178—2012）、《城市消防站建设标准》（GB 51054—2014）及《消防装备与应用手册》等标准规范，将消防应急救援装备分为12个大类、224种小类。据统计分析，现有12大类、224种小类消防应急救援装备中有64类装备是有相关标准可查的。在地震应急救援装备领域，根据地震行业标准《地震救援装备分类、代码与标签》（DB/T 57—2014），将地震应急救援装备分为侦检装备、搜索装备、营救装备、医疗装备、通信装备、评估与信息装备、后勤装备、救援车辆八个大类，其中八个大类各自包含许多功能相近的装备，例如营救装备可以细分为液压破拆设备、内燃破拆设备、电动破拆设备、手动破拆设备、复合式切割设备、液压顶撑设备、气动顶升设备和辅助设备等门类。其中,液压破拆设备又分为液压扩张钳、液压剪切钳等。

1.2 国内外生存保障装备发展概况

1.2.1 国外生存保障装备发展概况

国外在主食供应装备、应急住宿装备、应急供水装备、防疫洗消装备、灾害现场垃圾处置装备等方面开展了一些研究,用于灾害现场救援生存保障。主食供应装备(如面包加工装备)、应急供水装备等更多地应用于军事后勤保障领域。

1. 面包加工装备

俄军面包加工装备主要由可移动式面包加工工厂、ПХ3 野战面包加工车和挂车式面包车构成。面包加工工艺近似,只是在加工量和机动方式上有区别。在后方或部队集结地域用“可移动式面包加工工厂”,在部队机动状态下用“ПХ3 野战面包加工车”,在小分队作战或作战地域十分复杂的条件下用“挂车式面包车或单元烤炉”,从而形成了满足部队作战需求的梯次保障系列。

法国邦加公司生产的面包加工方舱为高效能可移动集装箱式独立野战面包车,用于野战条件下部队的主食供应,可提供 1 000 人食用的面包量。所有设备安装于标准集装箱内,4 人可在 6 小时内准备就绪,8 小时生产 410 千克面包,每个面包质量 50 ~ 55 克;适应海拔 2 千米以下,极限气候条件,温度 -30 ~ 50 ℃。法军最新装备的 UMBC 型野战面包加工方舱,可根据部队对功能和加工量的需求进行设备选配,集成固定在国际标准 20 英尺①集装箱内,单舱可独立生产,也可将数个舱体对接形成手动和自动相结合的面包生产线,每天可生产成品面包 250 ~ 5 000 千克。

美军近年来先后研制了两种形式的面包加工装备。一种是由 6 个国际标准 20 英尺集装箱对接组成的“面包生产流水线式”方舱群。采用快速发酵生产工艺,11 人操作,平均每小时加工成品面包 363.2 千克,每天工作 20 小时可生产约供 3.6 万人食用的面包(推算美军面包供应标准为每人 0.2 千克/餐);另一种是由 2 个国际标准 20 英尺集装箱对接而成的组合式野战面包加工方舱,在环境温度 -25 ~ 35 ℃条件下,面包方舱需 2 ~ 2.5 小时的准备时间,而后开始生产面包,在连续生产面包过程中,面团醒发需 40 ~ 50 分钟,烘烤需 18 分钟,6 人操作,两班 20 小时可生产约供 5.5 万人食用的面包。

德国有为世界军界经营生产野外饮食装备的专业化公司,如海森的 FB3.2FD 型双扭力轴悬挂式小型活动面包房挂车,是当前比较先进的饮食装备。德国瑞申诺公司的万能蒸烤箱,通过蒸汽烹调、结合热风和蒸汽的烹调、热风烹调 3 种模式为部队提供食物,德军于 20 世纪 80 年代末开始装备的 TFK -250 战术野外厨房,使用 4 只相互独立的高压气化燃烧器为厨房提供能源。瑞士高比公司出品的移动集装箱式面包房配有蒸汽发生装置,配合烤箱连同使用,为部队供应饮食。卡其公司的高机动集装箱化厨房采用了一种柴油加热组合烤箱。

---

① 1 英尺 = 0.304 8 米。

2. 应急净水装备

美国的军用 ROWPU 车载净水设备的工艺主要采用反渗透技术，按产水量分为 2 000 L/h 型、5 000 L/h 型和 10 000 L/h 型等，其中 5 000 L/h 型设备为美军军以上部队的主要净水装备之一，对地表水或受灾害污染的水都有很好的净化效果。由于其产水量较大，设备所需的净水原件和电器元件尺寸都较大，整个系统安装在一个 2 500 mm × 2 500 mm × 6 000 mm 的 ISO 标准集装箱内，可装载于加长型军用拖车上，整个系统的动力由安装在拖车后部的 60 kW 的柴油发电机供给。另外，2 000 L/h 型也是部署在灾害救援净水分队中的主要装备，该设备的尺寸 2 500 mm × 2 500 mm × 5 400 mm，质量为 8 500 千克，同样需要一个拖车和一台 30 kW 的发电机，可用于空投，其结构采用分层设计，材料可在各层储存，上层还设有折叠式储水池和汲水软管，布置合理，技术先进。

韩国 KOSYS 公司研发的移动式净水装备分为集装箱式和拖车式两种类型。该设备主要采取反渗透工艺，功能集成性更强，系统内部除取水单元、净水单元、动力单元和控制系统外，还设计了储水装置、核生化过滤装置和化学清洗箱。取水单元包括汲水泵和预处理器，净水单元主要包括旋流式混浊物分离器、多介质过滤器、微过滤器和以反渗透膜为主体的深度净化器，动力单元主要包括化学药剂给药泵、逆流泵、疏水泵和高压泵。设备对原水水质要求较低，应用场合更加广泛，但是其结构相对复杂，机动性不强。

3. 灾害现场垃圾处置装备

灾害现场垃圾处置装备处置对象一般包括生活垃圾、医疗废物和动物尸体。灾害现场的医疗废物及动物尸体是具有直接或间接感染性、毒性以及其他危害性的危险废物，各国对该类危险废物的管理非常严格，均对其实行全过程控制。在生活垃圾、医疗垃圾及动物尸体无害化快速处置方面，国外主要开展了高温高压粉碎技术、逆聚合处理技术、热气化处理技术、高效焚烧技术等研究。

(1) 高温高压粉碎技术。加拿大协德技术公司研发的医疗废弃物高温高压粉碎处理技术，是将医疗废弃物通过铝制小车送入特种压力容器中，由计算机控制对废弃物进行真空、高温和高压蒸汽等消毒处理，使废弃物达到规定的安全排放标准，再送入特种粉碎机彻底销毁。经过处理后的医疗废弃物体积减小 50% ~85%，质量减轻 20% 左右，成为无菌、无病毒、无害的普通垃圾。目前产品已经成为北美使用量最大的主流产品，并在欧洲、亚洲、非洲和中东地区成功投入使用。该技术的缺点在于废弃物减量化程度不高，且无法处理大型动物器官及肢体。

(2) 逆聚合处理技术。20 世纪 90 年代初期，美国北卡罗来纳州率先建立了微波技术现场处理设施。在控制的条件下浸湿并将废弃物破碎之后，放置于槽中，用微波对废弃物消毒。废弃物体积减小 60% ~90%，该技术能非常迅速且有效地将感染性医疗及生化废弃物分解并处理成无毒、无菌的碳化残渣。逆聚合处理技术的缺点在于处理量不大，只能专门处理医疗废弃物，不可处理医疗及生活废弃物的混合物，因此不适用于医疗废弃物的大规模集中处理和动物尸体的集中处置。

(3) 热气化处理技术。加拿大 ECO 国际有限公司在废弃物处置领域开发的热气化处理技术，是将废弃物转化成可回用气体、可回收及无害化材料的先进技术，其生成的气体可以充当燃料，用于发电、加热水或蒸汽。但是该技术设备昂贵，工艺运行费用较高，无法应用于应急处置。

(4) 高效焚烧技术。目前国际上医疗废弃物处理最普遍采用的仍然是焚烧技术，也最符合医疗废物无害化、减量化和资源化的原则,能够彻底破坏医疗废物中有毒有害的物质,有利于医疗废物的最终安全处置。同时在所有可行的医疗废物处理技术中,焚烧法已被证明是破坏传染性和有毒性物质、减少体积和质量的最有效方法之一。以欧洲为例,超过70%的危险废物采用焚烧方法处理。

英国 INCINCO 公司主要生产临床/医疗废物焚烧炉、动物尸体焚烧炉、系列焚烧炉辅助设备。该公司研制生产的标准化动物尸体焚烧炉,在欧洲、非洲、亚洲等全球10 000多家垃圾焚烧场或屠宰场得到应用。

高原高寒地区灾害现场,由于人员大量聚集、流动性较大,很难做到生活垃圾、医疗垃圾及动物尸体无害化处置,采用焚烧法防止交叉传染,也是应急处置医疗废物、动物尸体的一种趋势。

4. 洗消装备

小型洗消器材主要向机动、快速、高效方向发展,高温高压洗消器材是国外新一代洗消器材的特征和标志。大型洗消器材则向多功能、自动化和高机动性方向发展。在研究新装备的同时,对原有装备的改进也是各国开展的重点工作,目的是使洗消装备系列化、通用化、平战结合,以满足多层次、各种目标的快速、高效洗消的需要。

德国的"克歇尔"AEDA1 洗消系统由气溶胶喷洒器、热空气生成器、遥控单元和表面清洗系统四部分组成。细小的雾状消毒液可以杀死空气中的任何细菌并在落地后杀死地面的细菌。"克歇尔"DECOCONTAIN 3000 洗消系统集成在标准的集装箱内,是新一代紧凑型高性能洗消系统。在受到核生化袭击后,该系统可以同时进行装备、人员、服装和设备的洗消。

法国 Giat 公司的 SYMODA 洗消系统是一种小型移动式洗消系统,可用于洗消飞机和车辆,适用温度为 -20 ~ 71 ℃。该洗消系统采用一种无腐蚀洗消剂,分为粉剂和液剂两个储罐进行运输,使用时再进行混合。

美国 Reeves 公司推出的 DIESEL G - Ⅱ集成式洗消系统是一种轻型洗消装备,具有快速、机动等优点,主要完成一般的战术性作业,现已装备美国空军。

德国 OWR 公司研制了两种可供单兵携带的涡轮喷雾洗消器——Turbo Fogger 和 Decofog。该类喷雾洗消器使用 GD -5 消毒剂,能对已知的各种化学毒剂、生物战剂和工业毒物进行消毒,洗消器空重约6千克,可装6升洗消液,可对难以接触洗消部位实施洗消。此外,GD -5 洗消液能对遭受生化沾染的敏感器件、人员装备、重型装备、车辆内外部位、飞机等实施洗消。

挪威现役的方舱式野战医院,其空调模块可以和 EU7 或 NBC 过滤器结合,提供核生化防护。

各国还研制了一些专用于核生化卫勤保障的方舱系统,以满足核生化污染条件下的保障需求。芬兰的 Environics 方舱式化学洗消系统由国际标准方舱和充气帐篷组成,展开仅需15分钟,可对受化学剂沾染的伤员、物资、装备、车辆等进行淋浴洗消和干式洗消。

1.2.2 国内生存保障装备发展概况

1. 净水装备

我国净水装备方面具备代表性的是野营净水车。我国野营净水车的研究最早开始于1994年,第一台野营多功能净水车于1999年6月完成,并且进行过定型试验。定型试验时,在长江、珠江、洋河及沿海地区等区域进行了水净化、超净化试验及海水淡化试验,成功完成了净化任务。

野营净水车能够对江、河、湖、塘等地面水、地下水和海水、苦咸水进行处理,使其达到所需水标准。目前野营净水车的净化标准分两类。一类是净化,满足洗菜、洗澡等的生活用水;另一类是超净化,符合直饮标准的饮用水。野营净水车分为汽车载体和水处理设备两部分,净化系统还可以根据不同环境需求配合不同车型。净水车分为普通净水车、蒸馏净水车、离子交换净水车、电渗析净水车和反渗透净水车等,一小时可净化5吨饮用水。整车上有自带的发电和控制装置来支撑净水全过程,超净化装置由超滤膜、加压泵、紫外线消毒器等组成,利用超滤膜技术制取纯净水;淡化装置由海水膜、高压泵等组成,将海水、苦咸水淡化成饮用水。在各种灾害出现时,可利用野营净水车保障灾区人民饮用水的供应。

近年来,国内研制的野营净水车应用于战备演习、抢险救灾、国防施工等野外条件下的供水保障,同时应用于地方修路、采矿、采金等野外作业时的饮用水供给。适合寒区部队使用的净水车,即寒区净水车采用密闭方舱,车体加强了保温,操作、检修、化验均在车上,同时安装了车用空调,冬天供暖,夏天制冷,适合寒区地域使用。

2. 主食加工装备

国内主食加工装备已具备较高的技术成熟度,可加工的主食包括大饼、米饭、馒头和面包等。装备品类也比较多,具备代表性的是各型炊事车。炊事车按结构一般分为客车车厢式、拖挂厢式和开式车厢式等多种。不同类型的炊事车虽然可以选用相同或不同的汽车底盘、车身结构与燃料,配备满足不同服务对象的炊事设备和用具,但设计制造必须符合国家有关专业技术标准《炊事汽车通用技术条件》(QC/T 448—1999)。

军用炊事车作为一种可快速机动、快速展开的标准化厨房,广泛应用于社会各个领域,可根据用餐人员的数量定制大小适度的野外炊事车型。

军用拖挂炊事车是响应武警部队野外训练、作战等特殊需求制作而成的。军用拖挂炊事车可满足200人用餐饮水量的需求。内部配备抽油烟机、照明系统、双眼炉灶、制膳工作台、电源系统、外部照明、遮阳系统、换气扇窗等。拖挂炊事车又被称为无动力牵引餐车,是主要靠前车动力牵引的车型。这种炊事车空间大、灵活性强、稳定性好、安全性高,广受厨师们的喜爱。

东风炊事车是根据野外执行任务的需要,为提高后勤保障能力、改善野外生存条件而研制的一种新型自行式炊事车,可满足快速反应部队执行任务的需要。该车采用军用统型二类底盘,为六轮驱动的越野车,车厢为隔热保温大板粘接式轻型结构,三种供电方式为车内各用电设备提供电源。车内配有高效的封闭式燃油节能炉灶、配套设备、各种厨具、警灯及爆闪灯等。该车具有操作方便、使用可靠、热效率高、保温效果好等特点,适应全天候展收作业,是先进的后勤生存保障装备。

自行式炊事车是用底盘改装而成的后勤饮食保障装备,该车机动性能好、专业性强、自动化程度高、自然环境适应性强,并能在驻车和行车时进行炊事作业,可保障执行野外任务部队的饮食和饮水供应。其主要用于部队及公安等野外执行任务时按部队营养标准提供热食,可在一小时内供应300人的主副食及开水。

3. 住宿装备

救援人员远离营区驻地执行抗洪抢险等野外任务,普通载客车不能满足宿营需要。针对特殊用途定制开发的宿营车，集人员运输和住宿休息为一体，可有效解决全卧铺车载客量小、全座位车不便于休息的矛盾，提升了输送及宿营的舒适度。野外宿营车、运兵宿营车、工程宿营车等各类宿营车供人员远离营区执行抢险救援等野外任务时使用，集住宿、餐饮、洗浴、会议为一体，适合应急救援、长期野外勘察、野外工程施工等宿营使用。

随着技术的进步，我国有多家企业生产了依托各种底盘的野外宿营车，单车可实现保障5～28人野外宿营。如重汽宿营车（双面扩展宿营车）采用重汽豪沃高端二类底盘，重汽310马力①国五发动机，可实现28人野外住宿、洗漱和会议功能，同样也适合长期野外施工、救护勘探、公路养护等宿营使用。该宿营车具有舒适的就寝环境及齐全的卫生设施，能够提高野外作业人员后勤综合保障能力。

国内研发的一款24人消防宿营车在平整柏油路面最高车速可达90 km/h，展开时间和收拢时间在5分钟以内，具备冷暖空调系统，可提供稳定的休息环境。箱体内部每个床铺配备了LED柔性阅读灯、储物网兜、开关插座，配备电视卫星电线，可收看电视机节目。选配模块包括独立式卫浴、不锈钢打包式蹲便器和燃油式热水器、洗漱台、车载枪柜、无线指挥系统等。该宿营车广泛用于勘探作业、城市巡检、应急救援、野外工程作业等领域。

4. 医疗废物转运车

医疗废物转运车又名医疗垃圾运输车、医疗废物运输车、医疗垃圾收集车、医疗垃圾转运车等。我国已经研发出多型医疗废物转运车。医疗废物转运车的使用与公交、环卫等营运车辆相似，到达使用年限整体更新换代。

医疗废物转运车是根据医疗垃圾的特点专门设计的，采用密闭性运输方式，车辆后门为双层密闭结构，采用迷宫式密封条，使车厢完全封闭，以达到防止医疗垃圾病菌毒气扩散的目的。厢体内壁板采用不锈钢板，可用腐蚀性消毒剂进行消毒，车厢底部四周及转角圆滑处理，宜清理死角，便于消毒。车厢体具有紫外线消毒杀菌功能。紫外线灯正常工作时，辐射出大量紫外线，对微生物具有极强的杀伤力，可在30～45分钟内杀灭细菌。车辆整体具有密闭、防渗、防尘等性能，具备抗菌、阻燃、耐腐蚀、易清洗消毒等功能。根据《医疗废物管理条例》的规定，医疗废物转运车辆必须采用带有“医疗废物”标识和符合环保要求的专用车辆。医疗废物厢体内部必须是全封闭式不锈钢制作，带不锈钢封闭内掀门，加装杀毒喷雾装置、紫外线杀毒装置和废液溢漏箱装置。

1.2.3 高原高寒地区生存保障装备发展概况

国外高原地区各类灾害较少，灾后现场安置需求不足，相关装备研究成果在高原高寒地区应用案例较少。国外高寒地区主要是一些高纬度地区，这些地区气候寒冷，如俄罗斯、挪威、加拿大等国家，在高寒地区生存保障装备方面做了一些研究，但整体应用偏少。而兼具高原地区和高寒地区特性的区域主要分布在我国。

国内对于高原高寒地区装备的研究多见于军方作战装备领域，大多灾后生存保障技术装备受环境影响，在高原高寒地区应用时还存在一些问题。由于高原高寒地区灾后现场安

① 1马力≈0.735千瓦。

置装备研究起步较晚，各类生存保障装备标准缺乏，也未形成相应的生存保障装备体系，制约了装备整体保障效能。

国内有关高原高寒地区装备的一些典型研究和成果如下。石梅生、高振海等2013年在《高原高寒环境制氧机组关键问题探讨》中阐述了一种适合高原高寒环境使用的制氧机组，探讨了功耗、低温、道路运输、机房布局、冰川位移、可靠性等关键问题，论证了该装备的高原高寒环境适应性。蔡滨、李斐如等2014年在《高原高寒环境对军用特种车辆蓄电池性能的影响及其维护》中根据军用特种车辆装备在高原高寒地区的使用要求，分析了高原高寒环境对军用特种车辆蓄电池性能的影响，提出了高原高寒环境下军用特种车辆蓄电池的维护措施。范斌、樊毫军等2016年在《我国应急救援机动医疗装备发展现状》中介绍了我国车载医疗装备、方舱医院装备、海上机动医疗装备、空中机动医疗装备等应急救援机动医疗装备研制及建设现状，指出了目前我国应急救援机动医疗装备体系建设的不足，建议构建陆、海、空立体式应急救援医疗装备体系。王朔、岳巍强等2017年在《高原高寒地域中重型车辆发动机预热起动辅助装置研究》中阐述了一种适应高原高寒环境的冷却液加热器，可有效提高 $-41 \sim -30$ ℃ 温度范围内重型车辆装备发动机低温起动性能，并在高原进行了环境适应性试验。丁攀、郭伟等2018年在《一种基于光伏发电技术的电热防寒服的设计》中为有效解决相关人员在高原高寒地区的抗寒取暖问题，设计了一种基于光伏发电技术的新型电热防寒服，可实现自发电供暖和智能化温度控制。聂旭颖2009年在《高原高寒睡袋研究及小型现场保暖试验》中根据我国高原高寒地区武警部队的特殊需求，设计了高原高寒睡袋并进行了小型现场保暖试验，给出了高原高寒睡袋的设计原则、样式，提出了材料筛选和性能要求。

在主食加工方面，云南航天工业有限公司研制了高原主食灶，供高原地区集体食堂、加油站和机场站等固定伙食单位使用，也适用于宾馆、学校等民用领域。这种高原灶在海拔5 000米以下工作，适用温度 $-30 \sim 46$ ℃，以0#轻质柴油为燃料，一次加工量为大米25千克或面粉7千克。在高原宿营车方面，庞红迪、宋文健等设计了一种高原高寒地区宿营车，集成了制氧系统和供暖系统。为满足西藏疾控中心工作人员的住宿等生活保障需求，赵秀国、牛福等设计研制了一种野外宿营车，采用机械压簧式双侧扩展方式，车厢内设置7套可拆卸高低床，可同时容纳14人住宿休息。在车厢后部设置卫生间。车厢配置空调、暖风机等环境保障设备。陆军工程大学韩旭教授团队研发了一种适用于高原高寒地区的新型保温方舱，该方舱安装便捷，不用大型机械就可在无水电依托区域正常安装，结构可拆装、空间可变化。该保温方舱充分采用节能材料等新型科技材料，即需即建即用，减少对后方长途配送燃料的依赖。

结合对相关专业救援队的调研情况来看，国内在制供氧、高原病医救、保暖、饮食、住宿、垃圾处理、防疫卫生等生存保障方面，无论是个体装备还是救援队伍集体保障装备均存在不足，总体而言尚处于起步阶段，有较大的发展空间。充分借鉴国内外军事装备体系研究的新理论、新方法，结合我国高原高寒地区灾害现场的风险及应急救援发展需要，构建高原高寒地区灾害现场生存保障装备体系，具有较大的理论研究意义和广阔的应用前景。

1.3 高原高寒地区生存保障装备发展与体系建设需求

我国高原高寒地区面积广阔，地震、雪灾、滑坡等自然灾害高发、频发。以青藏高原为例，2014 年发布的《青藏高原地震活动特征及当期地震活动形势》表明，青藏地区是地震活动强烈、大地震频发的地区，记录中 8 级以上地震发生过 9 次，7.0 ~ 7.9 级地震发生过 78 次，居全国地震地区之首。尤其是 2010 年青海玉树地震，共造成 2 698 人死亡，造成了巨大的经济损失。高原高寒地区具有气温低、气压低、氧气含量低、紫外线强等特殊环境特性，对灾害现场生存保障需求较平原地区更为复杂，对装备性能影响更为显著。近年来高原高寒地区自然灾害应急救援实践证明，现有生存保障装备在高原高寒地区的适用性还不够。为提升我国高原高寒地区救灾安置能力、保障受灾群众和救援人员生命安全，迫切需要加大研发投入力度，逐步健全完善高原高寒地区灾害现场生存保障装备体系。

1. 对灾害现场受灾群众和救援人员的基本生存保障提出了更高要求

研究表明，高原高寒地区气温低、气压低、氧气含量低、紫外线强的特殊环境对人体的神经、呼吸、循环、内分泌、免疫、消化、生殖等系统和各脏器的危害都比较大。在海拔 4 500 米以上的高原高寒地区，即使人躺在床上不动，也相当于负重 20 千克从事重体力劳动。高原高寒环境对应急救援人员身心健康的影响是全方位的，有些损害甚至在脱离缺氧环境后呈现出不可逆的现象。因此，在高原高寒地区灾害现场应急救援过程中应更加关注救援人员的身体健康，如在应急救援过程中提出的“强制休息令”，强制性给予应急救援人员充分的休息时间。可见，在高原高寒地区灾害现场特殊的气候环境下，无论是受灾群众还是救援人员，在生存保障方面较平原地区都面临更大的压力和挑战。

2. 对高原高寒地区灾害现场生存保障装备性能提出了更高要求

在高原高寒缺氧条件下，由于海拔高、空气稀薄、风雪天多、气候寒冷等因素，生存保障装备技术性能下降、损耗增加、故障发生率上升，影响了对应急救援人员的保障效率。研究和实践表明，高原环境下装备的内燃动力系统、气压系统、液压系统、燃烧系统、电气系统、材料等都会出现性能下降的情况，在近几年高原高寒地区灾害救援尤其是青海玉树抗震救灾行动中已有所体现。因缺乏专用生存保障装备而使受灾群众和救援人员健康面临威胁的状况时有发生，已成为我国高原高寒地区灾害救援面临的重要问题，也是国家救灾应急能力建设需要补齐的短板之一。

高原高寒环境对装备或系统的主要影响见表 1 – 1。

表 1 – 1　高原高寒环境对装备或系统的主要影响

装备或系统	环境因素	主要影响
内燃动力系统	大气压力低、空气密度小、氧含量少、平均气温低、水沸点低、沙尘大	动力性能下降，经济性恶化，排放增加，高原低气压、低温启动困难，热负荷增大，零件磨损加剧
气压系统	大气压力低、空气密度小	工作压力降低，进气流量、排气量减少

表1-1(续)

装备或系统	环境因素	主要影响
液压系统	大气压力低、空气密度小、平均气温低、太阳辐射强	吸油高度减小,液压泵容积效率降低,密封性变差,液压油温升增加
燃烧系统	空气密度小、氧含量少	混合气变浓,点燃、续燃困难
电气系统	大气压力低、空气密度小、沙尘大、平均气温低、温差大	绝缘强度、绝缘电阻、击穿电压、灭弧性能降低,温升增加,仪器仪表精度降低
材料	昼夜温差大、太阳辐射增强、紫外线辐射量增加、风沙大	高分子材料的力学性能和表观性能降低

3. 高原高寒地区应急装备体系研究尚处起步阶段,亟待开展系统研究

2014年,《国务院办公厅关于加快应急产业发展的意见》(国办发〔2014〕63号)发布以来,我国应急产业发展进入新阶段,对应急装备体系的研究逐步得到重视和加强。由于应急产业具有较强公益属性,应急救援装备又兼具专用性和通用性等特点,因此,目前国家对应急装备尚无清晰的范围界定。在高原高寒应急装备领域,虽然近年来我国针对高原高寒地区生存保障装备开展了一些研究,但总体来看尚处于起步阶段,生存保障装备现状尚不清晰,装备体系顶层设计缺乏,迫切需要厘清高原高寒地区生存保障装备发展需求,开展系统全面的研究,尽快建立健全高原高寒地区灾害现场生存保障装备体系。

1.4　高原高寒地区灾害现场生存保障装备体系构建思路与框架

高原高寒地区灾害现场生存保障装备体系的构建思路与框架如图1-1所示,对应主要研究内容共分为方法构建、边界确定、体系构建、探索研究4个部分。

1. 方法构建

在国外装备体系构建方法研究、国外应急装备体系研究以及我国高原高寒装备发展现状调研的基础上,研究高原高寒地区灾害现场生存保障装备体系构建方法。

2. 边界确定

通过对高原高寒地区范围、灾害范围、救援模式和涉及人员进行分析,确定高原高寒地区灾害现场生存保障装备体系的边界范围。

3. 体系构建

通过对高原高寒地区灾害现场生存保障使命任务和面临的典型灾害风险进行分析,研究高原高寒地区灾害现场生存保障任务需求和能力需求,并以能力需求为导向构建高原高寒地区灾害现场的生存保障装备体系。

4. 探索研究

针对生存保障装备体系中的重点方向,开展典型技术图谱研究,对其保障能力评估方法进行研究,为加强高原高寒地区灾害现场生存保障装备产品开发和后续体系完善奠定基础。

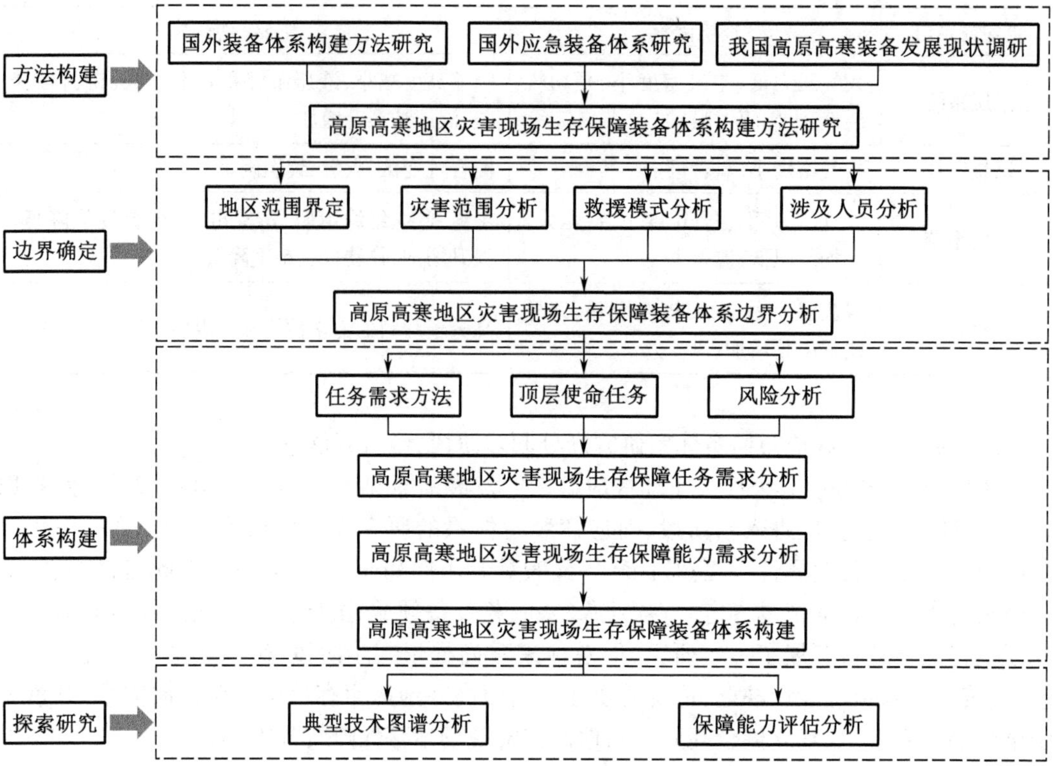

图 1－1　高原高寒地区灾害现场生存保障装备体系构建思路与框架

第2章 高原高寒地区灾害现场生存保障装备体系构建方法

装备体系论证源于军事装备体系及其技术体系，充分借鉴国内外军事装备体系研究理论和构建方法，结合高原高寒地区灾害现场风险及应急救援发展需要，构建高原高寒地区灾害现场生存保障装备体系，具备较强的理论研究和实践意义。

目前，国外对装备技术体系结构顶层设计和优化方法的研究逐渐增多，主要涉及科技发展战略论证、军事需求工程研究和武器装备体系结构框架等领域。例如，美国制定了美国国防部体系结构框架 DoDAF 2.0，英国制定了英国国防部体系结构框架 MoDAF，北大西洋公约组织（简称"北约"）制定了北约体系结构框架 NAF 来指导武器装备和信息系统的顶层设计，并将其作为验证和评估新的作战概念、分析军事能力、完善装备体系、制定投资决策、制定作战规划等的重要依据和提高系统互操作性的有力保证。此外，国外还将体系结构的基础理论和设计方法学用于指导装备技术体系的设计和优化，并开展了大量尝试性的研究工作。

美国政府问责局（U. S. Government Accountability Office，GAO）（2008）、美国国防部（U. S. Department of Defense，DoD）（2010）、约翰·彭德尔顿（John Pendleton）（2012）等美国政府机构及部分学者对国外装备体系的概念内涵、论证方法开展了广泛研究，研究内容主要侧重在装备名称、装备说明、支撑的核心能力、科研基金、核心技术、技术条目定义、技术贡献度、技术标准、技术水平状态等装备体系构建要素，以及装备与装备之间、核心技术与核心技术之间的层次关系、关联性等方面。其中，装备论证方法主要集中在以军种为主导的"需求生成系统"（Requirement Generation System，RGS）和"联合能力集成与发展系统"（Joint Capability Integration and Development System，JCIDS）等方面；技术贡献度评估的主要方法有专家打分法、文献计量和专利分析等方法，根据特定军事能力或装备的重要度，以及该军事能力或装备的重要度对技术进行排序，通过优先顺序描述该技术在整个装备技术体系中的重要程度；技术水平状态研究主要采用技术成熟度的方法描述该技术在装备体系中的保障核心能力的水平。总体来看，国外在描述装备技术体系时，通常分为2～3个层级，例如，基础研究、应用研究、先期技术研究等层级关系。此外，国外通常采用技术路线图等方法对装备技术之间的相互制约关系和先后发展顺序进行表示。

国外军事装备技术体系的设计，主要是按照从"军事需求"或"能力需求"到"装备技术"的逻辑思路，如美国国防科学委员会《21世纪战略技术导向》（1998）针对未来军事挑战研究新的军事能力和建议发展的关键装备技术。该研究组织的军事专家对防务评审（四年一度）的战略任务提出了39项新的关键军事能力，针对军事能力组织专家提出支撑每个军事领域发展的相关装备技术，并通过专家评估装备技术的成熟度、研究内容和科研经费等，辨识43项关键装备技术，最后建立关键装备技术和军事能力的映射，并进行打分排序，提出优先考虑排位前20名的核心装备技术进行资助。此外，美国的《空军计划2025》建立了从军事需求能力分析到装备技术体系论证的完整流程，具体详见《武器装备建设的国防体系分析》等相关文献。

2.1 美国装备体系构建方法演进及综述分析

美国应急装备体系构建方法在很大程度上借鉴了军事领域的发展思路，即以能力建设为导向、联合多方面力量、规范化进行装备体系构建。在能力需求建设方面，美国应急管理界提出了基于“情景—任务—能力”的装备体系构建思路。该方法是在总结以往已有装备需求论证的基础上，结合类似“9·11”恐怖袭击事件的非常规突发事件的情景规划与构建提出来的，其突出特点是强调能力在装备体系化发展过程中的突出作用，被视为基于能力与基于情景的装备体系构建方法的有机结合。“情景—任务—能力”方法与军事领域装备发展涉及的“场景空间设计方法”类似，设定应急事件的情景是第一步，与以往“大而化之”的事件情景设定不同的是，新的方法强调事先设定情景的典型性、复杂性和极端破坏性，突出对“最严重后果”的关注。基于能力、基于情景的装备体系构建方法的应用，体现了应急准备思想的重大转变，对于那些设想的最严重的情景所造成的社会公众无法接受的后果，必须提前做好充分的装备或资源准备，而且这种准备工作要在风险管理阶段和应急响应阶段均有体现。针对拟定的情景，列出为了顺利完成应急突发事件的预防、处置和恢复工作所需的所有任务列表和能力清单，并针对这些清单提前准备好相应的体系化装备。这种方法要解决的一个核心问题是，针对科学设定的应急情景，应急救援主体是否具有应对此种灾难性后果所必需的应急能力和应急装备。此外，这种方法还强调必须在安全与成本之间寻求一种平衡，要在政府和全社会都能接受的应急条件和水平下，投入社会能够承担的最大资源成本。

在关于“情景—任务—能力”的框架设计方面，美国的做法为装备体系构建提供了有益参考。2015 年，美国国土安全部（United States Department of Homeland Security，DHS）发布了第二版《国家应急准备目标》。该文件以有效应对 15 种国家规划的重大、非常规突发事件场景为核心目标，列出了 32 种需要提前做好准备的目标应急能力，并将其形成“目标能力清单”。这一清单既是国家层面应对非常规突发事件的前提和基础，又是开展装备体系构建所需要达到的目标要求。为了达到清单中所列的各项目标能力，该文件还在附件中对其进行了任务分解和细化，形成了“通用任务清单”。任务清单从应对非常规突发事件的流程出发，列明了预防、保护、应急响应和恢复四个关键阶段的任务，并对这些任务进行了具体描述，大大提升了文件的实用性和可操作性，可以适用于国家应急装备情景中所列的全部 15 种非常规突发事件规划场景，对于其他未来可能出现的巨灾场景，也有很强的参考和实用价值。为实现目标应急能力，美国国土安全部还颁布了授权装备目录，目录中每项装备均有相对应的应急能力，其采用这种映射的方式实现应急装备的体系化发展。

美国是世界军事装备发展的引领者，依靠先进的军事理论技术和丰富的实战经验，目前在装备体系构建方法方面已开展了较多研究，以下重点介绍以美国为代表的装备体系构建方法演进、构建流程及优势。

2.1.1 基于能力规划的装备发展演进

美国在冷战时期军事装备规划采用的是“基于威胁”的规划思路，简单地说就是设定若干敌我交战设定,然后根据在想定条件下获胜所需的军事装备确定己方装备。美军使用这种思路在冷战时期成功有效地规划了装备力量。随着冷战结束和世界局势变化,美国面对的威胁和挑战有很多不确定性。按照基于威胁规划思路在特定设定条件下规划得到的军事装备已无法高效应对这些不确定任务,故而需要一套新的规划思路和方法,这就是美国军事领域《四年防务评估》(The Quadrennial Defense Review,QDR)运用的基于能力的规划思路。

《四年防务评估》是美国国防部组织的关于防务领域情况的综合评估,一般每四年进行一次。该评估按照最新的国家安全战略,分析战略目标和研究潜在威胁,确定兵力结构和预算计划。从2001年开始至今的几次评估工作都采用了基于能力规划的基本思想。例如,2006年2月6日美国正式发布的《2006年四年防务评估报告》(QDR2006)总体上坚持了2001年以来美国军队转型的方向,将其建设方针由冷战时期的应对特定威胁,转到应对全球各类非对称威胁上来。相对于QDR2001,QDR2006反映了“9·11”事件后反恐战争和国际形势变化对美国国防战略的影响。QDR2006分析了美国未来20年的战略环境背景、面临的威胁,对美国军事领域的装备能力、装备体系化建设、国防部改革等问题进行了研究,对装备体系建设具有重要的指导意义。

QDR2006对于装备体系构建方法的引领和指导,主要体现在基于能力的规划方面,包括场景空间设计方法、任务系统分析方法、用于效费综合权衡的投资式打分表分析方法等。

1.场景空间设计方法

场景空间设计方法常被用来分析各种任务发生背景,为进一步进行需求分析和能力评估做准备。QDR2006在进行“对可能面临任务的研究”时可使用这一方法,具体应用思路见图2-1。

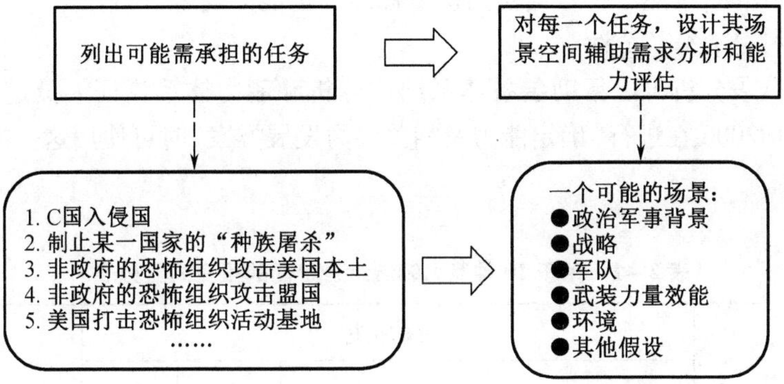

图2-1　场景空间设计方法应用示意图

图2-1在列出美国部队可能承担的任务之后,对其中每一个任务分析其场景空间,确定执行任务时的战略背景、政治军事背景、军队投入的装备力量等,即在这些因素组成的多维空间中确定任务对应的一个点。

2.任务系统分析方法

任务系统分析方法就是使用各种定性定量方法分析完成某一种任务需要的能力。QDR在进行“面临任务对应能力需求分析”时可使用这一方法,以“制止恐怖组织袭击美国本土”这一任务为例,具体应用思路见图2-2。

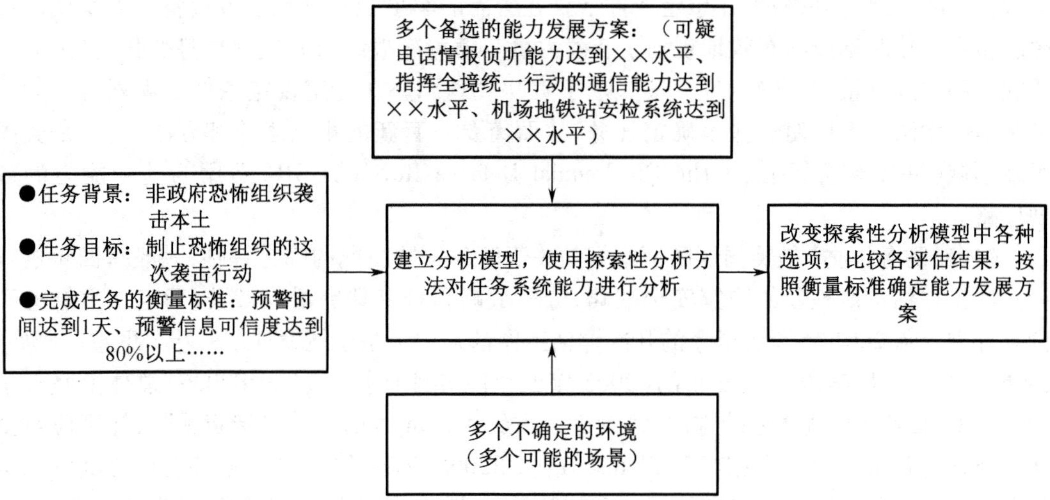

图 2－2　任务系统分析方法应用示意图

分析确定任务背景、目标，分析给出完成任务的衡量标准，例如预警时间达到 1 天、预警信息可信度达到 80% 以上等，作为进一步分析的依据；分析能力发展的可能方案，给出对各种能力的具体发展指标，例如，可疑电话情报侦听能力达到 × × 水平、指挥全境统一行动的通信能力达到 × × 水平等，列出多个备选方案；建立分析模型，使用探索性分析方法对任务完成情况进行分析；把在“场景空间设计”中研究获得的多个可能场景输入分析模型，为减少探索性分析的计算工作量，这里应注意选取典型的场景；改变探索性分析模型中各种选项，比较各评估结果，按照第一步给出的衡量标准确定能力发展方案。

3. 投资式打分表分析方法

投资式打分表分析可以帮助装备体系结构分析和能力体系论证人员进行各种能力的综合权衡。QDR2006 在进行“确定能力及相关兵力发展方案”时可使用这一方法，具体应用思路见表 2－1。

表 2－1　用于 10 种能力领域综合权衡的投资式打分表

能力	子能力	评估指标						总能力	所需经费	能力与经费比值
		在任务 1 中的能力	……	在任务 N 中的能力	管理	保障	……			
联合地面部队能力	子能力 1.1	5	……	3	5	3	……	5	0.2	25
	……	……	……	……	……	……	……	……	……	……
特种作战能力	子能力 2.1	5	……	8	3	5	……	3	0.1	30
	……	……	……	……	……	……	……	……	……	……
……	……	……	……	……	……	……	……	……	……	……

表 2－1(续)

能力	子能力	评估指标						总能力	所需经费	能力与经费比值
		在任务 1 中的能力	……	在任务 N 中的能力	管理	保障	……			
联合指挥控制能力	子能力 10.1	7	……	5	6	3	……	4	0.08	50
	……	……	……	……	……	……	……	……	……	……
权重		1/6	……	1/8	1/5	1/5		—	—	

对 10 种需要投资的能力领域，列出各自包含的子能力；按照表 2－1 填写各自子能力的“评估指标”得分，打分标准可以设定为，0～2 分：很差或很难、2～4 分：差或难、4～6 分：一般、6～8 分：好或容易、8～10 分：很好或很容易；按照表 2－1 最下一行给出的权重，采用加权和模型计算各自能力的总得分，将结果填入“总能力”一列；在“所需经费”一列汇总填入预计在该子能力上需要投入的经费数量；计算能力和经费比值，将结果填入表 2－1 中的最后一列；比较各子能力的“能力与经费的比值”，得分较高的表示对应子能力应优先发展，结合定性分析，调整各数量值，对各种能力进行综合权衡，最终得到各种能力的发展方案。

QDR 2006 总结了 2001 年以来美国军事领域的主要任务经验，这些任务不仅包括在阿富汗和伊拉克的作战行动，而且包括印度洋海啸和南亚地震发生之后的大规模人道主义救援、卡特里娜飓风袭击灾害发生后的应急救援行动等，这也为应急领域装备的体系化发展奠定了基础。

2.1.2　装备体系需求生成机制的演进

长期以来，美国采用以军种为主导的“基于威胁”的需求产生和装备采办管理体制，装备需求由各军种提出，再由参联会领导下的联合需求审查委员会(Joint Requirements Oversight Council，JROC)审查后通过。在新形势下，这套由军种主导的装备需求和采办管理体制逐渐暴露出诸多问题，如对各军种的需求统筹考虑不够，导致各军种装备之间存在重复建设，装备系统集成度不够，各军种发展的装备在互联、互通和互操作方面不尽如人意，不能完全满足一体化联合作战的需要等。

2003 年 8 月，美国军方对原来国防采办需求生成系统进行了重大改革，把原来的以军种为主导的“需求生成系统”改为以国防部为主导的“基于能力的需求生成系统”，命名为“联合能力集成与发展系统”。这一系统是美国国防部为支持国家军事战略实施和国防武装力量转型而开发的基于能力的联合需求分析系统。2004 年 3 月 12 日，美军正式颁布了《JCIDS 操作手册》——CJCSM 3170. 01A，用以规范和指导美国军事领域装备发展需求分析。

这两个系统的装备需求生成机制存在明显差异。RGS 采用“自底至上”的需求生成过程，各军兵种根据自身情况提出装备需求，经过高层部门的规划协调后最终确定装备需求，待装备开发出来后，再与其他装备进行集成，形成局部联合的作战能力。而 JCIDS 采用“自顶向下"的需求生成过程,根据联合作战构想和联合作战概念,确定联合作战能力需求,并在跨军兵种范围内探索作战能力的实现手段,按该方式开发出来的装备体系或系统具有"天生"的联合作战能力。RGS 在需求开发中不考虑集成,而 JCIDS 是先进行能力层次的集成,再以能力需求驱动装备的发展,两种需求生成机制的比较如图 2-3 所示。

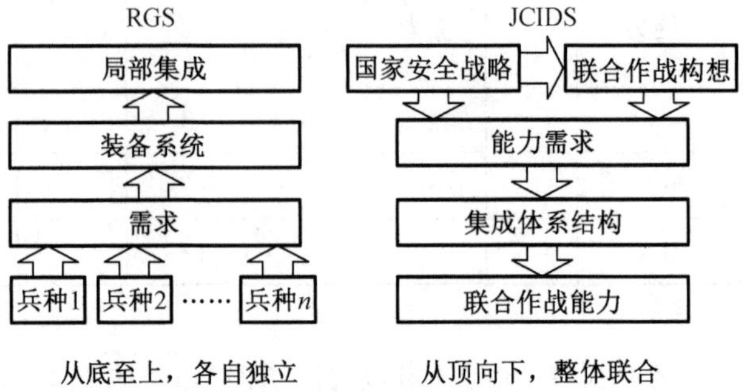

图 2-4　RGS 和 JCIDS 对应的装备需求生成机制比较

需求产生于现有装备体系的作战能力与完成未来作战任务、所担负的使命间存在的差距,装备体系的能力对资源分配、需求定义、体系结构以及组成部分的权衡有着重要作用。JCIDS 正是基于能力的装备体系需求分析方法,遵循功能领域分析(Functional Area Analysis,FAA)、功能需求分析(Functional Needs Analysis, FNA)、功能解决方案分析(Functional Solutions Analysis,FSA)等结构化步骤,最终完成军事能力差距与能力需求的分析,给出覆盖全领域的联合能力开发方案。JCIDS 的结构化步骤主要包括以下内容。

1. 功能领域分析

功能领域分析(FAA)是确定达到军事目标所需的作战任务、条件和标准。它是用国家战略、联合作战概念、联合功能概念、一体化体系结构以及通用联合任务清单作为输入,将在后续功能需求分析中要审查的任务作为输出。功能领域分析包括确认作战任务、条件和标准而进行的交叉能力和交叉系统分析。功能域分析以协作工作的方式实施。

2. 功能需求分析

功能需求分析(FNA)是指评估当前和计划中的联合能力在全谱作战条件下,按照指定的标准,完成功能领域分析所确认的任务的能力。功能需求分析使用功能领域分析所确认的任务作为原始输入,需要采取解决方案弥补的能力缝隙列表或缺陷列表作为输出,并指出在哪个时间段内需要此解决方案。功能需求分析也对表现效率低下的能力冗余予以确认。功能需求分析必须将保障能力(supportability)作为能力需求定义中不可分割的一部分包含进去。

3. 功能解决方案分析

功能解决方案分析(FSA)旨在基于作战任务和目标对消除功能需求分析步骤得出能力差距的装备方案与政策方案进行分析、评估等。功能解决方案分析由非装备(与装备无关)方案生成、装备方案生成、装备与非装备方案分析三部分组成。

4. 事后独立分析

对功能方案分析过程进行独立评价,确保上一步骤确定的备选方案能够消除功能领域分析和功能需求分析所确定的能力差距,并优选出最有效的解决方案。

2.1.3　装备体系结构设计方法演进

装备体系结构是指装备复杂系统的组成结构及其相关关系，体系结构框架是规范体系结构设计的指南。20世纪90年代前，美国各军兵种、国防部各局均独立、分散建设各种自动化指挥系统(C4ISR系统)，分别采用不同的方法描述系统的体系结构，没有统一的术语、标准和规范，致使大多数系统无法集成和互操作，在海湾战争中暴露出不少问题。因此，美国开始规范装备体系结构设计方法，于1996年6月、1997年12月相继颁布《SR体系结构框架》1.0版和2.0版，提出了《C4ISR体系结构设计指南》。1998年2月，美国颁布行政命令，要求在国防部内推广使用《C4ISR体系结构框架》2.0版。通过多年的应用实践，美国在军事领域不断总结C4ISR体系结构设计实际经验，体系结构设计方法也已被证明是梳理复杂大系统内外关系、增强信息系统互操作性、提高系统建设效率的有效方法。

2003年11月，美国在《C4ISR体系结构框架》研究基础上，颁布《国防部体系结构框架》(Department of Defense Architectural Framework，DoDAF)1.0版，将体系结构方法推广用于国防部各个任务领域的体系结构设计，2007年4月颁布1.5版，2009年5月颁布2.0版。体系结构的作用拓展到制定规划计划、需求管理、实施采办和维护系统运行等方面。体系结构设计开始注重以数据为中心，即体系结构的主要信息都储存在数据库中，体系结构的所有模型都依据数据库进行开发。这样保证了各种结构模型的一致，便于进行多个体系结构的集成。美国规范化的体系结构设计方法，要求针对联合作战需要，以图形、文本、表格等可视化描述形式的模型来组合和提供数据，分别从不同方面支撑体系结构的分析设计。在DoDAF 2.0版中，共确定了8种视角共52个描述模型，包括7个能力视角描述模型、9个作战视角描述模型、13个服务视角描述模型、13个系统视角描述模型、3个项目视角描述模型、2个标准视角描述模型、3个数据和信息视角描绘模型、2个全视角描述模型。在实践中，可以使用规范化的软件工具，参考规范化作战任务列表、数据模型和技术标准等，根据需要开发涉及具体系统的体系结构模型。美国特别重视体系结构工具和数据管理系统的开发和应用，积极鼓励采用商用体系结构工具。为了对体系结构数据进行有效管理和利用，美国国防部还开发了国防部体系结构注册系统，一般把用于规范体系结构设计的体系结构框架、用于开发体系结构产品的体系结构设计工具、知识库、相关参考资源，以及用于验证体系结构产品的体系结构评估工具等相关技术统称为体系结构技术。

应用体系结构技术开发各类装备体系结构，已成为验证和评估装备体系作战能力的重要依据。美国在近年来开展的各类装备系统采办工作中，均十分注重应用体系结构框架来指导顶层设计。美国在JCIDS中明确要求，要在一体化体系结构基础上进行JCIDS的各项工作，并规定在必要环节必须使用体系结构产品，即随着装备体系需求论证的深入，要将体系结构产品不断细化和改进，从而使一体化结构得以细化和完善。按照以上做法获得的装备体系需求，有助于保证各类装备系统能够适应联合作战的需求，使各类装备之间能够无缝连接、高度融合，进而使整个装备体系具备更强的联合作战能力。

2.1.4 美国装备体系构建方法优势分析

综上,美国军事领域的装备体系构建方法主要优势有以下3个方面。

1. 基于能力的论证模式

装备体系构建的核心是需求论证。基于威胁的体系论证模式,以现实或近期的明确威胁为作战对象,针对性较强。而基于能力的模式以多变的军事威胁为研究对象,强调论证活动对不确定性因素进行探索性分析,提供能够适应各类挑战和情境的作战能力。基于能力的论证模式与前者并不对立,而是其延续和发展,其基本论证过程如下。

(1)根据国家军事战略方针、作战构想和目标,针对多种作战威胁,分析并确定作战任务清单;

(2)依据清单由作战任务向作战能力映射,研究能力需求内容、标准,形成最优的能力需求方案;

(3)依据能力需求方案,通过能力现状和差距分析、非装备解决方案和装备解决方案分析,得出装备需求方案,并通过装备组合和评估分析,得出最优的装备体系方案。

基于能力的论证模式突出了能力建设在装备论证中的核心牵引作用,考虑了更大范围内的威胁,以不变应万变,使装备具备了主动适应未来大范围挑战和环境的能力,目前已被我国和世界其他国家普遍接受和认可,并有力促进了装备的发展。

2. 先进的联合能力需求生成机制

RGS 采用的是“自底至上”的需求生成过程,各军兵种根据自身情况提出需求,在装备系统开发后,再与其他装备局部集成形成联合作战能力;而 JCIDS 采用“自顶向下”的需求生成过程,根据国家安全战略和联合作战构想,确定联合作战能力需求,并在跨军兵种范围内探索实现手段,按该方式开发出的装备体系具有“天生”的联合作战能力。

JCIDS 是美军基于能力思想的实践与应用,主要通过功能领域分析、功能需求分析和功能解决方案分析等环节,明确现有能力不足和重叠,确定需要弥补哪些能力以及怎样进行多种能力的组合,最后给出提升联合能力的综合解决方案。自 2003 年至今,JCIDS 已应用于多个项目的作战需求分析。理论与实践证明,该系统及其论证思想能够从根本上解决一体化作战需求与装备发展脱节、不同兵种装备重复建设、联合作战能力不足等问题。

3. 规范化发展的体系构建

《国防部体系结构框架》通过作战视图、系统视图、标准视图和全景视图等来描述体系结构,进而保证装备体系论证的规范性、准确性和科学性。特别是标准视图、系统视图将技术标准、系统技术与体系构建相融合,确保体系满足特定的作战需求,提高了体系作战的合力。借鉴美国做法,我国相关领域的很多学者也开展了相关方面的研究,并将成果应用于装备体系论证实践,很大程度上解决了各类装备无法互联、互通、互操作,“通用化、系列化、组合化”水平低等问题,促进了装备之间的无缝连接与高度融合,提高了装备综合集成的水平和整体效能。

2.2　我国装备体系构建方法综述及问题分析

装备体系构建方法在军事领域出现最多,研究也最为深入。军事领域装备体系是现代信息化战争发展的必然产物。随着以信息技术为核心的高技术的发展,以美国为首的国外发达国家开始认识到,现代战争中交战双方不再是单一兵器、单一战斗单位之间的对抗,而是逐渐表现为由各种军事装备系统组合而成的装备体系之间的对抗。著名的"木桶效应"理论认为,一个木桶要想装满水,必须使构成桶壁的每一块木板等高,如果其中一块木板高度不够,水就不能装满,而只能达到这块板的高度。某一种军事装备的先进或作战力量的强大,并不代表整个作战体系作战能力强,而某一种军事装备的"短板"则又有可能直接影响整体作战能力的发挥。只有各种军事装备系统的优势互补,才能发挥作战体系各要素紧密融合而形成的整体威力。这一点已经在近几场以美国为主导的现代局部战争中得到体现。美军将由多种侦查、预警手段构成的立体感知系统和由各军兵种、各作战单位的各种作战平台组成的火力打击系统进行了高度融合,相辅相成,形成了近程实时感知与远程精确打击有机结合的战场系统,基本做到了三军作战联合化和装备体系化,从而实现了作战能力质的飞跃。

为推进国家应急装备的体系化发展,近年来,我国学者也开展了一系列开创性研究。徐克生、杜鹏东等2009年在《应急救援装备保障体系浅析》中分析了我国应急救援装备的现状与发展趋势,论述了应急救援装备的作用,提出了应急救援装备保障的总体要求。莫善军、雷毅等2011年在《矿山事故应急救援装备体系和配置方法研究》中从不同性质的事故救援任务的特点与规律、事故救援任务的目标和需求等方面,研究了矿山事故应急救援装备体系和配置方法。李思鼎、杨继军2011年在《工程兵抗震救灾救援装备体系建设》中对比分析了目前工程装备体系与所构建的救援装备体系,提出了总体思路、目标和原则,探讨了工程兵抗震救灾救援装备体系的构建。纪胜利、吕胜涛2012年在《武警部队抢险救灾装备体系能力建设初探》中分析了加强抢险救灾装备体系能力建设的出发点,提出了需要重点发展的系列装备,并阐述了增强装备体系能力建设的重点关注问题。徐吉辉、楚维2012年在《航空应急救援装备保障能力体系研究》中从救援人员素质保障能力、救援装备保障力量能力、应急动员指挥能力等方面,构建了航空应急救援装备保障能力指标体系。吴文敬、王景丽2013年在《应急通信装备体系浅析》中从功能性和机动性角度对应急通信装备进行了分类,提出了相关概念并分析了我国应急通信装备体系的现状。王小东、王岩等2014年在《化学事故应急救援装备体系》中分析了化学事故应急救援对装备器材的要求,列出了典型装备主要功能和适用场景,促进了装备的配备和选择。郑万波、吴燕清2017年在《矿山应急救援装备体系综合集成研讨厅的装备需求与方案决策》中分析了国内外应急救援装备管理和决策研究现状,描述了矿山事故应急救援装备要素、使命任务、方案需求模型等,提出一种基于任务和能力的综合集成矿山应急装备方案研讨厅构建思路。石琨2017年在《公安应急先期处置装备体系探究》中分析了公安应急先期处置所处的应急阶段和相关装备应具备的特点,概括了相关应急任务的方向,给出了通过科学配置和使用装备提升公安先期处置能力的建议。熊晓雯、王运斗 2017 年在《浅谈军队应急医学救援装备体系构建》中以加强军队应急医学救援力量建设为目标，分析了军队应急医学救援装备体系的建设现状，并针对当前不足提出了高效化、信息化、系统化的发展对策。张兰芳、孔军营 2018 年在《面向时空特性的道路应急抢通装备体系构建》中归纳分析了道路突发事件及道路损毁类型，得出了道路应急抢通的时空特性，并根据各阶段的抢通任务和作业能力需求，构建了面向时空特性的道路应急抢通装备体系。黄东方 2019 年在《我国应急救援装备体系的构建》中针对我国应急救援装备体系现状，提出了应急救援装备体系构建的重点，提出了我国应急救援装备体系的总体构建、横向按灾种构建和纵向按层级构建的框架体系。

顶层设计层面，我国政府研究机构主要采用分类方法进行应急装备体系构建。例如，2015 年 4 月国家发展和改革委员会办公厅发布的《应急保障重点物资分类目录(2015 年)》，以响应阶段应急处置过程及关键保障要素为主线，按照"目标—任务—作业分工—保障物资"的分类方法，分为 3 个大类、16 个中类、65 个小类和 472 项装备或重点物资，初步构建了应急保障重点物资的体系结构。国家发展和改革委员会经济运行调节局联合应急救援装备产业技术创新战略联盟和中国安全生产科学研究院出版了《应急保障重点物资分类及供应企业参考名录(2015 年)》，采用分类的方法在结构上分为领域、发展方向、细分产品和服务共三级，一级为监测预警产品、预防防护产品、处置救援产品和应急服务产品等 4 个领域，二级为自然灾害监测预警产品、事故灾难监测预警产品等 15 个发展方向，三级为地震灾害监测预警产品、地质灾害监测预警产品等 266 个细分产品和服务。

然而，我国较长时间内采用分灾种灾害管理模式，从而造成了不同灾种的救援队伍出现了"各自为战"的现象，且各有不同的装备分类方式。例如，城市消防管理部门将应急装备分为个人防护、灭火器材、灭火剂、消防车辆、抢险救援 5 个大类；森林消防管理部门将应急装备分为灭火机具、辅助器材、预警监测设备、防护设备、保障设备、航空护林设备、阻隔工程机械、通信、车辆和其他 10 个大类；地震管理部门将应急装备分为侦检、搜索、营救、后勤、通信、评估与信息、医疗、救援车辆 8 个大类；安全生产部门将危险化学品救援装备分为个人救护、救援车辆、侦检、灭火、通信拆破、堵漏、输转、洗消、排烟、照明和其他 11 个大类，将矿山事故救援装备分为救援车辆及通信装备、灭火、侦查、气体分析、个人防护装备 5 个主要类别。此外，规范我国应急装备发展、完善其相关配备的标准也相对较少。以消防装备为例，9 大类 125 种抢险救援装备中，仅有 9 种装备具有行业标准或国家标准，其他 116 种侦检、警戒、破拆、救生、堵漏等抢险救援器材装备均无标准，且部分已有装备标准存在未及时更新修订、不符合当前技术和装备特点的现象，这些情况均严重阻碍我国应急装备的体系化发展。

总体来看，我国救灾减灾装备构建多是采用基于经验、基于单一需要或相似型号装备类比等定性方法，尚未从顶层设计层面建立应急装备体系，同时缺乏成熟适用的装备体系构建理论及方法的指导，也缺乏系统的规划论证和统一管理，这导致了救灾减灾任务需求与生存保障装备功能之间的不一致，以至于现行装备不能较好地满足基于信息系统的大规模救灾减灾行动。特别是高原高寒地区灾害环境下的生存保障装备，关键技术开发难度大、成本较高，已有装备尚不能满足灾害现场人员需求，难以保障高效救援的开展。我国虽然针对高原高寒地区军事医学及特需卫生装备体系开展了大量探索，但尚处于起步阶段，高原高寒地区生存保障技术装备现状尚不清晰，装备体系顶层设计更是处于空白阶段。结合对相关专业救援队的调研情况来看，国内关于制供氧、高原病医救、保暖、饮食、住宿、垃圾处理、防疫卫生等生存保障方向，无论是单兵装备还是救援队伍集中保障装备均相对缺乏，与体系化发展目标还有较大差距。

具体来看，当前高原高寒地区灾害现场生存保障装备在体系化方面存在以下问题：

(1)虽然专业的搜索救援装备得到了较为快速的发展，但适用于高原高寒环境的专用生存保障装备发展较为滞后。高原高寒环境与一般灾害环境保障装备界面模糊，生存保障需求尚未得到充分满足，无法充分考虑灾害环境风险，已有生存保障装备不能主动适应不同灾害场景下的恶劣环境挑战。

(2)高原高寒环境下的应急救援队伍一体化作战需求与生存保障装备体系发展脱节问题突出，不同应急救援队伍之间的生存保障装备配备及性能指标参差不齐，大规模应急救援联合生存保障能力、协同能力较弱。

(3)高原高寒环境的生存保障核心技术开发不足，相关装备由于缺乏标准化设计，无法实现互联、互通，装备综合集成的水平不高。

要想从根本上彻底解决这些问题，必须运用系统化思维，从能力需求出发，系统构建高原高寒地区灾害现场生存保障装备体系。

此外，从现有装备来看，当前已有高原高寒地区灾害现场生存保障装备仍存在以下问题：

(1)模块化、集成度不高。应急救援时间紧迫，模块化设计便于装备的运输、组装和收撤。目前，由于生存保障装备涉及种类较多，一般由不同厂家生产，缺乏标准化设计，救援过程经常面临线路、接口不统一的情况，导致现场模块化组成和发挥协同效应存在一定困难。

(2)轻量化、小型化程度不足。一方面，高原高寒环境专用装备性能要比普通救援装备要求高，例如保暖帐篷、高原型暖风机、炊事用具等需要在平原装备基础上进一步升级改造，增加了自身体积、质量，制约了装备轻量化、小型化发展。另一方面，受机动运输能力限制，应急救援人员除携带自身生存保障装备外，还需要携带大量现场搜救装备，笨重、体积过大的装备严重影响应急救援效率。

(3)装备不易操作使用。生存保障装备面向灾害现场全体应急救援人员和受灾群众，而当前装备通常具有过于复杂的展开、收撤或使用操作步骤，在多人协调共同作业的应急条件下容易出错，甚至可能导致生存保障失败，不利于救援行动的开展和救援效率的提高。

(4)耐用性、可靠性不高。高原高寒特殊气候环境加快了生存保障装备整体或零部件的损坏，装备可靠度明显降低。对于功能集成度较高的装备，单一功能失效后，还可能影响该装备的其他功能模块。而生存保障装备在使用过程中出现损坏或功能失效后，将严重影响救援行动，甚至会导致救援任务的失败。

(5)装备不易维修维护。在高原高寒地区的低温、缺氧条件下，应急救援人员的体力消耗会进一步增加，一些大型较复杂的装备维修操作难度也进一步提高，不易维护、维修的装备在高原高寒环境下的实用性会大打折扣。

2.3 基于能力的灾害现场生存保障装备体系构建方法

2.3.1 构建原则

灾害现场生存保障装备体系设计的基本原则就是围绕国家应急管理的战略目标、应急救援任务与能力、技术与经济上的可行性等因素,确定装备体系的结构布局和装备要素。生存保障装备体系设计应遵循以下原则。

1. 必要性原则

任一装备或相关技术是否纳入装备体系,应考虑其是否满足灾害现场人员的基本生存需要以及国家应急保障能力需求。特别应紧密结合近年来高原高寒地区自然灾害应急救援经验教训,以及相关军事行动的后勤保障需求来构建体系。装备体系设计工作的必要性原则包括:

(1)服务于国家应急管理战略,满足未来高原高寒地区的应急救援需求;

(2)满足高原高寒地区灾害风险防控、生存保障任务和能力等方面对应急保障装备的发展要求;

(3)有利于解决现有高原高寒地区应急保障装备存在的问题;

(4)适用于其他特殊灾害环境应急救援发展需要。

2. 先进性原则

装备体系论证过程中,应以先进、科学的体系构建方法为指导,要求包括:

(1)应急保障装备总体、各装备系统、分系统架构或装备本身的构成科学、合理;

(2)装备的技术性能先进,满足高原高寒地区的生存保障需求;

(3)跟踪科技发展趋势,合理利用关键性高新技术。

3. 可行性原则

装备体系论证要充分考虑技术可行性、经济承受能力、时间约束性和其他因素的制约,其中技术可行性是主要考虑的因素。科学技术水平是装备发展的前提条件,也是装备发展的重要推动和约束条件。可行性原则包括:

(1)充分考虑国家的科学技术基础、已有的装备储备或近期可能获得的科研成果;

(2)与国家的经济基础、应急装备开发和生产能力,以及其他方面的承受能力相适应;

(3)满足 5 ~10 年的研制周期要求;

(4)充分利用引进技术、军事或其他领域已有研究成果等方面的有利因素。

4. 经济性原则

随着装备性能的提高,装备体系发展费用越来越高,在国家需求和市场需求的综合影响下,不计成本地发展装备体系是不现实的。因此,在装备技术的发展上既要满足生存保障能力需求,又要在经济上可以承受,兼顾平衡发展,使体系中装备技术研发制造成本与国家的经济基础、应急产业化能力相适应。装备体系设计工作的经济性原则包括:

(1)用尽可能少的装备开发成本获得尽可能高的应急保障能力;

(2)在促进应急装备技术发展和其他科技进步方面产生的效益尽可能多；

(3)充分利用和继承同类或其他装备的成熟技术。

5. 整体性原则

整体性原则要求装备体系设计应考虑综合配套、协调发展、整体优化、有利于工程扩展和功能兼容等各方面。现代化的应急保障遵从体系化设计，要充分考虑体系配套的问题，贯彻装备体系建设结构优化、规模适度的原则。生存保障装备体系论证要把提高装备的整体生存保障能力作为基本原则，综合统筹考虑灾害现场人员的生存保障需求，重视信息化装备在体系中起到效果放大器的作用。

6. 标准化原则

抢险救灾，时间就是生命。较高的标准化水平对于生存保障装备的通用性、适用性和保障性具有重要的提升作用，标准化原则是生存保障装备开发的基本要求之一，应重点考虑：

(1)符合标准化方针政策及有关条例和法规的要求；

(2)贯彻标准的范围、数量及其先进程度满足要求；

(3)与已有同类装备标准化程度比较，具有较高的总体水平；

(4)系列化、通用化、模块化程度高。

7. 反复迭代原则

生存保障装备体系构建涉及地理区域、环境条件、灾害场景、现场人员、装备类型等多个结构要素维度，构建过程不仅具有预测论证的局限性，而且具有较大的复杂性。这就需要聚焦生存保障核心问题和重点要素维度，由浅入深、循环迭代，逐步完善装备体系方案。

2.3.2　构建维度

由于保障装备体系构建研究是一个复杂系统工程问题，涉及任务领域、装备论证领域等，故在霍尔三维结构模型改进的基础上，从对象维、逻辑维、理论(方法)维与时间维4个角度，构建了保障装备体系构建过程研究的四维框架结构，以期对研究过程提供指导，如图2-4所示。

1. 对象维(O)

对象维(O)指的是问题研究的主要对象。保障装备体系构建过程研究的对象是相应的保障任务、保障能力、保障功能和保障装备，涉及信息保障类、抢救类、抢修类、检测维修类、供应保障类和其他类保障任务或保障装备。其中，信息保障类研究对象是用以描述或满足保障信息的获取、传递、处理、共享以及控制需求的研究对象；抢救类对象是用以描述或满足保障对象牵引、拖救或后送等需求的研究对象；抢修类对象是用以描述或满足保障对象进行损伤评估与修复至必要功能状态需求的研究对象；检测维修类对象是用以描述或满足现场应急救援技术状态检测、保养、拆装与修理及能源补给保障需求的研究对象；供应保障类对象是用以描述或满足现场应急救援综合保障需求的研究对象；其他类对象是用以描述或满足机动、保障防卫等需求的研究对象。

2. 逻辑维(L)

逻辑维(L)是问题研究过程中系统分析的顺序与步骤。逻辑维是展开保障装备体系构建研究活动的具体实施步骤，是相关人员在分析实际问题时的基本思路和框架，主要涉及问题的界定与描述、相关现状分析、保障任务需求分析、保障能力需求指标生成、保障装备品种确定共5个阶段。

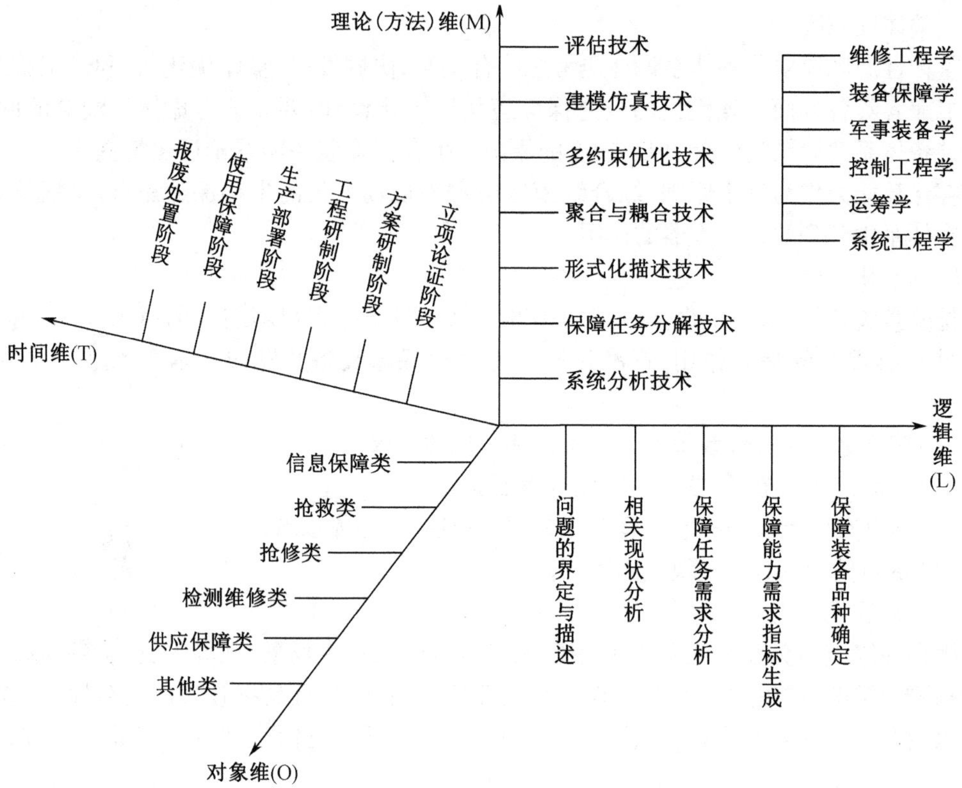

图2-4　保障装备体系构建过程研究的四维框架结构

(1)问题的界定与描述本质是明确保障装备体系构建过程中的研究对象、相关内涵以及构建环境等要素,如研究对象指的是构建的保障装备体系适用于哪一类别的救援队伍;内涵界定指的是明确研究范围和研究内容,以防止研究过程中出现逻辑错误,提高对研究过程的理解程度;构建环境指的是构建适用于高原高寒生存保障装备体系的所有约束条件,即分析生存保障模式、装备保障特点与要求、保障装备体系构建要求等。

(2)相关现状分析是分析国内外保障装备建设现状与相关技术研究情况。

(3)保障任务需求分析是对保障装备体系各类保障任务进行逐项、逐步细化分解至适用的保障活动,确立层次化树状结构的任务需求体系,并进行逐项描述,对各类保障任务工作量进行预计,是进行保障能力需求和保障结构需求分析的重要依据。

(4)保障能力需求指标生成是依据保障任务需求分析结果,逐步生成保障装备体系能力需求指标,具体来说,就是运用系统建模方法,依据保障活动与保障能力需求指标的对应关系,明确保障活动需要哪些保障能力,并进行聚合等优化处理,得出合理的保障装备体系能力需求指标。

(5)保障装备品种确定是依据保障能力需求指标,经过分类与聚合处理,逐步确立保障装备品种,依据底层保障能力需求指标确立保障设备类型,综合考虑相关约束条件,进行优化配置。

3. 理论(方法)维(M)

理论(方法)维(M)是针对对象维各要素,实现相关研究活动的各类理论和方法的集合,涉及的基础理论主要有系统工程学、运筹学、军事装备学、装备保障学、维修工程学、装备管理学等,涉及的技术方法主要有系统分析技术、保障任务分解技术、形式化描述技术、聚合与耦合技术、多约束优化技术、建模仿真技术、评估技术等。

4. 时间维(T)

时间维(T)贯穿保障装备体系建设的各个时期,按照全寿命周期的观点,该维度主要涉及立项论证、方案研制、工程研制、生产部署、使用保障和报废处置6个阶段。在立项论证阶段,制订保障装备研制方案,明确数字化保障装备构建的能力需求与约束,以及保障装备技术指标等,例如经费、研制周期、保障率和最大机动速度等;在方案研制阶段,论证保障装备研制方案,并进行品种整合;在工程研制阶段,运用解析建模和仿真手段,进一步明确保障装备的品种与数量;在生产部署阶段,进一步论证保障装备的技术指标与使用要求,并对保障装备的技术指标与使用要求进行修正和改进;在使用保障阶段,依据装备保障实际和保障装备应用情况,综合考虑经费等约束条件,优化各层级部队配备数量;在报废处置阶段,不能满足保障任务需求的各种保障装备和不能达到必要功能状态的保障装备应及时报废处置和挪为他用。

2.3.3　构建方法

针对我国生存保障装备发展现状及存在问题,借鉴军事领域装备体系的构建优势,按照“风险—任务—能力—装备体系”的逻辑思路,提出高原高寒地区灾害现场生存保障装备体系构建方法,如图2-5所示。

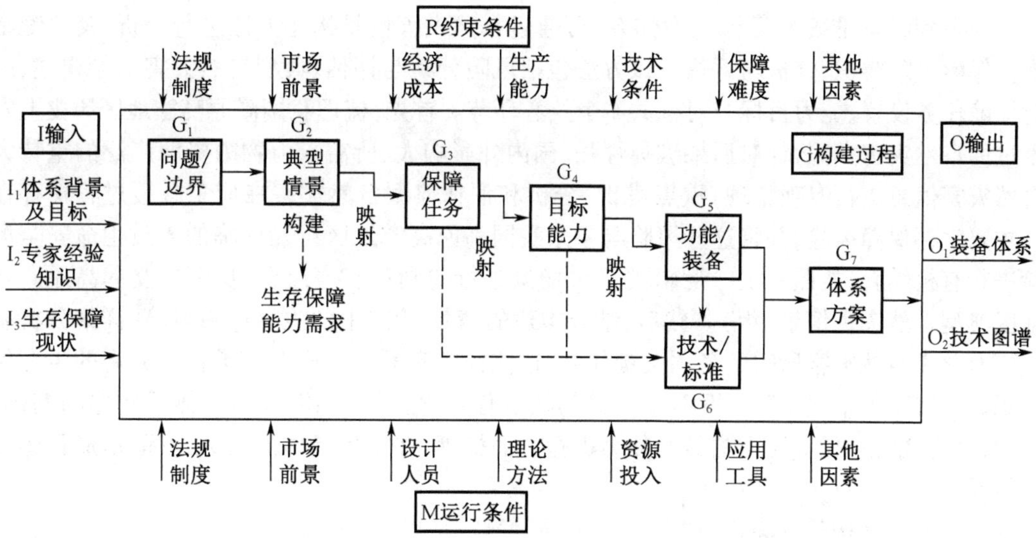

图2-5　高原高寒地区灾害现场生存保障装备体系构建方法

该方法包括I输入、R约束条件、M运行条件、G构建过程和O输出5个方面。I输入是指构建过程的原始输入数据,是确定装备体系各类需求的来源和基础,主要包括体系背景及目标、专家经验知识、保障现状等。R约束条件是指限制体系最优化或核心目标实现的各类约束要素,包括相关法规制度与政策、市场前景、经济成本、技术成熟度、保障难度等;M运行条件是指保证体系能够运行,完成研究过程、得出成果的相关要素,包括设计、研发、制造、使用等人员的参与度,先进工具、理论方法使用情况,以及研究所需的其他资源投入等;O输出是指实现体系构建目标所得出的成果,包括已经过评估优化的装备体系、技术图谱。

其中,G构建过程包括7个核心环节,详细说明如下。

1. 问题提出与边界分析(G_1)

为进一步理解研究目的、防止体系构建过程出现逻辑错误,通过对当前保障现状的分析,提出体系构建需要重点解决的问题,确定研究范围,并限定体系涉及的要素边界。为实现高原高寒地区灾害现场生存保障装备的体系化发展,应根据我国当前应急保障现状及需求,重点分析高原高寒地区的地理边界、自然灾害类型、灾害现场涉及人员、当前应急救援模式和流程以及体系构建涉及的其他元素边界。其中,高原高寒地区自然类型的分析应从涉及范围、等级与强度、人员伤亡、经济损失、基础设施损害、社会影响、环境影响、国际影响、应急人力物力投入需求、后续恢复难度等多个维度分析,重点关注国内外公认度高、代表性强的重特大自然灾害。

2. 保障对象、任务与能力分析(G_2、G_3、G_4)

该环节是装备体系构建的核心环节。首先对现场人员进行细化、归类分析,明确体系研究的保障对象需求、规划联合能力需求,确保装备体系具有"天生"的联合保障能力;然后辨识、评估保障对象在高原高寒环境中可能面临的安全风险,结合高原高寒地区灾害现场应急救援过程中的现行模式和经验,梳理为应对各种风险所需的各项保障;最后依据联合能力规划、任务与能力映射关系,对完成各项任务所需的目标能力进行梳理、细化,得出目标能力体系。

为得到科学准确的目标能力体系,可通过自然灾害情景构建方法进行分析,其关键是生存保障风险辨识、分析与评估。该方法包括风险分析与评估、典型自然灾害情景构建、应对保障任务设置、能力目标与对标共4个核心环节。首先,梳理我国高原高寒地区历史上发生过的自然灾害类型,针对后果破坏性强、国内外影响大、所需人力物力资源广泛的重特大自然灾害信息进行专项整理,重点辨识、分析和评估典型自然灾害在应急救援过程中存在的主要生存保障风险,并将这些风险与未来我国高原高寒地区可能面临的人员生命安全风险进行有机结合,按照一定的逻辑关系对场景进行勾画和有序组合,从而建立起高原高寒地区典型自然灾害情景(组)。然后,结合构建的情景(组)中的生存保障风险,详细分析有效应对此类自然灾害所需的各项关键任务,这些任务实际上为应对该类自然灾害的生存保障划定了"底线",是需要不折不扣完成的核心任务,也是指导完成装备体系构建的基础。最后,对完成各项任务所需的核心能力进行全面梳理,并给出具体的能力指标,形成目标能力体系。

3. 装备体系构建(G_5、G_6、G_7)

首先比较分析目标能力与已有保障装备能力,找出应急保障能力差距;其次对需要提高的保障能力、增设的功能模块进行分类聚合,初步得到由装备类别、功能要求、技术指标、适用灾害类型等要素组成的装备体系;再次结合保障任务和目标能力要求,针对体系需实现的功能指标,梳理其关键技术和重要标准,并按照一定分类原则,构建相应的技术和标准体系;最后将装备、技术和标准体系汇总形成综合装备体系方案。本课题重点关注装备体系的构建和未来关键技术发展,因此输出成果为装备体系和技术图谱。

装备体系构建和技术图谱的绘制是前面保障对象面对情景生存保障风险、任务设置的输出结果,应通过风险沟通途径反馈于前期的风险评估与分析过程,检验是否能够有效为灾害现场人员提供生命安全保障。同时,前期自然灾害风险、构建的情景、任务与能力分析的结果,还将作为重要的基础数据资料,用于对已构建装备体系或绘制技术图谱的完善。

以上装备体系构建方法重点考虑了以下四方面:

(1)借鉴军事领域装备体系构建优势,采用“风险—任务—能力—装备体系”的模型框架构建高原高寒地区灾害现场的生存保障装备体系,同时注重对边界范围、保障对象能力需求和分析,提高对高原高寒地区特殊环境风险的聚焦,区别于一般灾害现场的生存保障能力。

(2)注重对保障对象及其生存保障能力需求进行分析,满足不同类型灾害现场人员的差异性需求的同时,将能力与任务需求、能力与高原高寒地区特殊环境需求、能力与不同救援对象(机动式和单兵)的耦合作为装备体系构建的环节,提升针对高原高寒地区灾害环境的联合保障能力和协同能力,进而促使装备体系具有“天生”的联合保障能力。

(3)注重对我国当前或今后一段时间高原高寒地区可能面临的灾害现场生存或生活保障风险的充分梳理和分析,特别是对后果破坏性强、国内外影响大、所需人力物力资源广泛的重特大自然灾害不断进行归纳、收敛和集成,形成最终能代表未来 10 ~ 20 年应急保障发展趋势的情景风险集合,并以此为靶点开展任务设置、目标能力体系研究。

(4)将技术图谱纳入装备体系考虑,提高生存保障装备的核心技术水平和综合集成水平,为后期高原高寒地区灾害现场生存保障装备的研发、改造和升级提供借鉴。提高生存保障装备技术水平是缩短现实生存保障能力状态与目标能力状态差距的核心手段。技术图谱通过明确当前各类生存保障装备技术存在的不足,给出了未来一段时间内的发展方向,对于开展生存保障装备体系能力建设具有重要意义。

2.3.4　关键技术

依据对保障装备体系构建内涵剖析和四维框架结构模型分析结果,构建高原高寒地区灾害现场生存保障装备体系涉及的关键技术主要有如下五个方面。

1. 生存保障风险分析技术

采用有效的生存保障风险分析技术是构建装备体系的基础。生存保障风险包括高原高寒低温、缺氧、强辐射等特殊环境风险,自然灾害及其次生危害风险,生存保障装备失效风险等多种类型。为避免重大风险遗漏应采用科学合理的风险分析技术,客观评价其对灾害现场人员生命安全的影响。

2. 保障任务需求生成技术

保障任务需求作为保障能力需求分析和保障装备体系构建的原始输入,其分解结果直接影响着后续研究的准确性和合理性。保障任务需求生成技术既要考虑当前国家对应急救援的顶层使命任务要求,更要充分考虑当前应急救援的组织实施模式以及各类人员在灾害发生后面临的各类风险。

3. 保障能力需求指标生成技术

保障能力需求指标作为由保障任务需求到保障装备品种需求过渡的中间环节,其适用性和有效性直接影响保障装备品种研究的工作量和准确性。因此,保障能力需求指标生成技术是保障装备体系构建的关键技术。

4. 保障装备体系构建技术

高原高寒地区灾害现场生存保障对象包括受灾群众和应急救援人员，在组织实施时既有定点的作业现场，又有流动救援现场；针对装备而言，既有成套化、模块化的功能需求，又有便携性、机动性的功能需求。因此，在装备体系构建过程中，针对不同的能力需求考虑不同的应用场景至关重要。

5. 保障装备体系评估技术

评估装备体系对高原高寒地区灾害现场的适用性；在对单项装备技术成熟度评估的基础上，对装备体系整体技术成熟度进行分级。从顶层设计的角度出发，结合高原高寒地区救援装备需求和体系，评估本装备体系的完备性、兼容性、开放性和可迭代性。

第3章　高原高寒地区灾害现场生存保障装备体系边界分析

3.1　高原高寒地区界定范围

3.1.1　高原区域界定及范围

我国对于高原的定义,在不同的专业领域有所不同。

1. 地理学

在地理学中,高原一般是指海拔高度在500 m以上,地势相对平坦或者有一定起伏的广阔地区,如我国的青藏高原、云贵高原等。

2. 医学

医学研究表明,海拔高度在3 000 m以上可引发人体产生明显的生物学效应,是高原病的多发地区。因此医学上通常把海拔3 000 m以上的地区称为高原。

3. 机械产品

高原地区特殊的气候环境,对机械产品性能具有明显影响。国家标准《特殊环境条件　高原机械　第1部分:高原对内燃动力机械的要求》(GB/T 20969.1—2007)中定义"高原环境条件"是指海拔超过2 000 m地区的环境条件,这是从机械产品性能的角度给出的高原定义。

4. 民航

由于高原特殊的环境对飞机的起飞、降落、机动能力、安全性能,甚至飞行员均有较大的影响,因此我国民航管理部门对高原机场的运行有严格的管理标准。中国民航总局对高原机场的海拔界定标准是1 524 m,即海拔高度在1 524 m及以上的机场称为高原机场。其中,机场高度为1 524(含)~2 438 m的机场为一般高原机场,2 438 m(含)以上的机场为高高原机场。

综上所述,由于不同专业领域的关注重点不同,因此对高原环境会有不同的界定标准。本书对高原地区生存保障装备体系的研究,主要关注高原环境对人体和生存保障装备的影响。参考医学及机械产品领域的相关标准,本书在装备体系论证中界定高原环境的最低海拔高度为2 000 m,地理范围主要包括西藏、青海以及四川西部、云南北部、甘肃西南部、新疆南部等。

3.1.2　高寒区域界定及范围

我国对于寒冷地区的界定,在不同的专业领域也有所不同。

1. 气象领域

为了准确地表述寒冷程度，气象专业制定了“寒冷程度等级表”，气温从 -40 ℃以下至 9.9 ℃，按照温度由低到高的顺序共分为以下八级。

(1)一级：“极寒”，-40 ℃以下；

(2)二级：“酷寒”，-39.9 ~ -30 ℃；

(3)三级：“严寒”，-29.9 ~ -20 ℃；

(4)四级：“大寒”，-19.9 ~ -10 ℃；

(5)五级：“小寒”，-9.9 ~ -5 ℃；

(6)六级：“轻寒”，-4.9 ℃ ~0 ℃；

(7)七级：“微寒”，0 ℃ ~4.9 ℃；

(8)八级：“凉”，5 ℃ ~9.9 ℃。

2. 民用建筑

国家标准《民用建筑热工设计规范》(GB 50176—2016)中从建筑热工角度将我国划分为严寒地区、寒冷地区、夏热冬冷地区、夏热冬暖地区和温和地区五个区域。

(1)严寒地区。严寒地区主要指东北、内蒙古和新疆北部、西藏北部、青海等地区。界定标准是：最冷月平均温度≤ -10 ℃，或日平均≤5 ℃的天数在 145 天以上地区。

(2)寒冷地区。寒冷地区主要指我国北京、天津、河北、山东、山西、宁夏、陕西大部、辽宁南部、甘肃中东部、新疆南部、河南、安徽、江苏北部以及西藏南部等地区。主要界定标准是：最冷月平均温度为 -10 ~0 ℃。

(3)夏热冬冷地区。夏热冬冷地区主要指长江中下游及其周围地区，大致为陇海线以南，南岭以北，四川盆地以东，包括上海、重庆二直辖市，湖北、湖南、江西、安徽、浙江五省全部，四川、贵州二省东半部，江苏、河南二省南半部，福建省北半部，陕西、甘肃二省南端，广东、广西二省区北端。主要界定标准是：最冷月平均温度为 0 ~ 10 ℃，且最热月平均温度为 25 ~ 30 ℃。

(4)夏热冬暖地区。夏热冬暖地区主要指我国南部，在北纬 27°以南，东经 97°以东，包括海南全境，广东大部，广西大部，福建南部，云南小部分，以及香港、澳门与台湾。主要界定标准是：最冷月平均温度大于 10 ℃，且最热月平均温度为 25 ~ 29 ℃。

(5)温和地区。温和地区主要是指云南和贵州二省。主要界定标准是：最冷月平均温度为 0 ~ 13 ℃，且最热月平均温度为 18 ~ 25 ℃。

3. 工业产品

机械、电子等工业产品的设计和使用与温度环境密切相关。国家标准《电工电子产品自然环境条件温度和湿度》(GB/T 4797.1—2018)列出了我国以温度和湿度为主要参数指标的七种气候类型，分别是寒冷、寒温Ⅰ、寒温Ⅱ、暖温、干热、亚湿热、湿热。寒冷程度较高的主要涉及“寒冷”“寒温Ⅰ”和“寒温Ⅱ”三个气候区。其中“寒冷”气候区气温日平均值年极值的平均值为最低 -40 ℃、最高 25 ℃，年极值的平均值为最低 -50 ℃、最高 32 ℃，绝对极值为最低 -60 ℃、最高 40 ℃；“寒温 Ⅰ”气候区气温日平均值年极值的平均值为最低 -29 ℃、最高 29 ℃，年极值的平均值为最低 -33 ℃、最高 37 ℃，绝对极值为最低 -40 ℃、最高40 ℃；“寒温Ⅱ”气候区气温日平均值年极值的平均值为最低 -26 ℃、最高 22 ℃，年极值的平均值为最低 -33 ℃、最高 31 ℃，绝对极值为最低 -45 ℃、最高 34 ℃。我国“寒冷”气候区主要分布在东北、内蒙古以及新疆的高纬度地区，“寒温Ⅰ”和“寒温Ⅱ”主要位于东北、内蒙古、新疆以及青藏高原等地区。

4. 民政

2011 年 4 月，为科学界定中央农房恢复重建补助政策中高寒、寒冷区域的具体县域范围，帮助灾区做好因灾倒塌、损坏农户住房恢复重建工作，民政部救灾司、财政部社会保障司经研究，确定了全国 15 个省（自治区）110 个市（地、州、盟）699 个县（市、区、旗）为高寒、寒冷地区。其具体范围如下：

（1）内蒙古、辽宁、吉林、黑龙江、西藏、甘肃、青海、宁夏、新疆 9 省（自治区）全部所辖 96 个市（地、州、盟）572 个县（市、区、旗）。

（2）河北省承德市城区及 8 县，张家口市张北县、康保县、沽源县、尚义县、怀安县、万全县等坝上 6 县；山西省大同市城区及 7 县、朔州市城区及 4 县、忻州市城区及 1 市 12 县；四川省阿坝藏族羌族自治州全部 13 县、甘孜藏族自治州全部 18 县、凉山彝族自治州全部 1 市 16 县；贵州省毕节地区全部 1 市 7 县；云南省昭通市全部 1 区 10 县、丽江市全部 1 区 4 县、怒江傈僳族自治州全部 4 县、迪庆藏族自治州全部 3 县；陕西省榆林市榆阳区、神木县、府谷县、横山县、靖边县、定边县等北部 6 县（区）。

本书对生存保障装备体系的论证重点关注高寒环境对人员和装备两个方面的影响。根据气象领域的"寒冷程度等级表"，考虑温度对人员的影响，"高寒"对应的温度等级为一级至四级比较合理。民政领域对高寒、寒冷地区的行政划分，目的在于制定补助政策，区域范围较大。本书对装备体系研究中高寒地区的界定主要参考民用建筑和工业产品领域相关标准，主要指最冷月平均温度≤ −10 ℃，或日平均温度≤5 ℃的天数在 145 天以上的地区，地理区域主要分布于黑龙江漠河，新疆北部，内蒙古图里河、根河、海拉尔等地区，青海、西藏高海拔地区等。

3.1.3　高原高寒区域界定及范围

通过上述对高原地区和高寒地区界定范围的分析，本书将高原高寒地区界定为海拔范围 2 000 m 以上，最冷月平均温度≤ −10 ℃，或日平均温度≤5 ℃的天数在 145 天以上地区。据此，本书所指的高原高寒地区主要包括青海、西藏、四川等高海拔地区。这些地区是自然灾害的高发区，同时高原高寒的独特环境对灾害现场生存保障及装备提出特殊的要求，因此，面向这些地区建立灾害现场生存保障装备体系具有重要的理论与现实意义。

3.2　高原高寒地区典型自然灾害分析

3.2.1　高原高寒地区典型灾害类型

根据《自然灾害分类与代码》（GB/T 28921—2012），我国将自然灾害划分为气象水文灾害、地质地震灾害、海洋灾害、生物灾害和生态环境灾害共 5 种灾类、39 个灾种。其中，除风暴潮灾害、海浪灾害等海洋灾害以及台风灾害等之外，高原高寒地区主要涉及地质地震灾害、气象水文灾害和生物灾害 3 个灾类、10 个灾种，如图 3 − 1 所示。

高原高寒地区 3 个灾类、10 个灾种中，发生频次较高的有地震灾害、冰雪灾害、森林/草原火灾三大类。

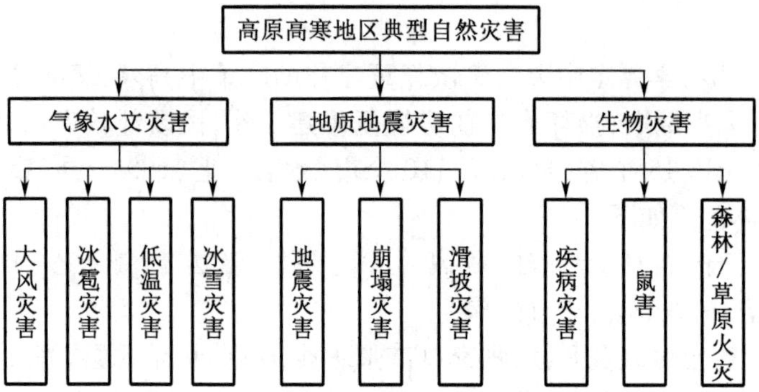

图 3－1　高原高寒地区主要灾害类型

1. 地震灾害

地震灾害具有突发性强、破坏力大的特点，容易造成大范围人员伤亡和财产损失，可能引发或同时涉及滑坡、疫病等衍生灾害，被认为是群灾之首。我国高原高寒地区是地震灾害的高发区，青藏高原地震带7.0级以上大地震发生数量居全国地震带之首。地震灾害的破坏程度主要取决于地震震级的大小、震源的深浅、震区的地质条件、建筑物的抗震能力、经济发展和人口等因素。一般将地震灾害分为直接灾害和次生灾害。地震直接造成的地面开裂、山体滑坡、房屋倒塌、桥梁垮塌和供水、供电、通信中断等破坏称为直接灾害。地震间接造成的火灾、水灾、毒气泄漏、放射性污染、海啸、泥石流等灾害称为次生灾害。此外，地震还可引起诱发灾害。诱发灾害是地震所引发的社会性灾害，主要是瘟疫、冻害和饥荒等。

2. 冰雪灾害

冰雪灾害是指出现强降雪天气或强对流天气后，出现大范围积雪、冰层覆盖或强降温的气象灾害，是高原高寒地区发生频率较高的自然灾害，几乎每年都有发生。由于地形地势和气候特点的影响，不同地区冰雪灾害发生的频率有所差别。冰雪灾害发生后，积雪可能覆盖草场、阻断道路，给灾区畜牧和居民生活造成严重影响，给减灾救灾工作带来很大的困难。

3. 森林/草原火灾

西藏、四川等高原高寒地区是我国重点林区和草原区，由于气候特殊，发生森林/草原火灾的可能性较大。森林/草原火灾蔓延迅速，能够在短时间内烧毁大面积的森林草原，破坏陆地生态系统，损坏林区的工厂、房屋、桥梁、铁路、输电线路、畜牧、粮食等，给国家和人民财产带来巨大损失。火灾产生的巨大烟尘严重污染大气环境，直接威胁人类生存条件，扰乱地区经济、社会发展和人民生产、生活秩序。相对于城市火灾，森林/草原火灾在发生时间、空间和过程上具有不同的特征。一是火势扩展迅猛。森林草原可燃物较多，一旦发生火灾，在大风作用下，火势迅猛扩展，难以控制。二是发展速度快。由于森林草原地区风向多变，常常出现多叉火头，蔓延速度快，形成火势包围圈，人、畜转移困难，极易造成伤亡。三是季节性明显。森林草原地区的气候特点和植被特征决定了火灾发生季节特性明显。高原高寒地区地形复杂，交通、通信不便，发生森林/草原火灾后扑救难度较大。2019 年四川木里森林火灾共造成 31 名救火人员遇难，2020 年四川西昌森林火灾共造成 19 名救火人员遇难，为高原高寒地区森林/草原火灾扑救敲响了警钟。

3.2.2　高原高寒地区近年来典型灾害梳理

根据全国自然灾害情况统计数据，本书对我国高原高寒地区近年来发生的自然灾害进行梳理，总结了受灾人数多、国内影响较大的典型自然灾害，如表 3 - 1 所示。

表 3 - 1　近年来高原高寒地区自然灾害统计情况

序号	自然灾害名称	受灾人数	对应高原高寒地区
1	2008 年 5 月四川省汶川县特大地震灾害	4 625.6 万人	青藏高原东部（川西北高原）
2	2008 年 8 月四川省攀枝花 - 会理 6.1 级地震	126.9 万人	青藏高原东南部（川西高原）
3	2008 年 9 月四川省严重暴雨洪涝和泥石流灾害	220 万人	青藏高原（川西高原）
4	2008 年 10 月西藏自治区那曲、山南等地区强降雪自然灾害	10.27 万人	青藏高原
5	2010 年 4 月青海玉树 7.1 级强烈地震	20 万人	青藏高原东部
6	2010 年 8 月甘南藏族自治州舟曲县特大山洪泥石流灾害	2 万人	青藏高原边缘（1 173 ~ 4 504 m）
7	2012 年 5 月甘肃岷县特大冰雹山洪泥石流灾害	35.8 万人	青藏高原边缘（2 500 m）
8	2015 年 4 月尼泊尔 8.1 级地震西藏受灾	20 万人	青藏高原

1. 四川省汶川县特大地震灾害

2008 年 5 月 12 日 14 时 28 分，四川省汶川县（北纬 31°、东经 103.4°）发生里氏 8 级地震，此后地震灾区还发生了上万次余震，最高震级达 6.4 级。此次地震属浅源地震，是中华人民共和国成立以来灾害性最为严重的地震，其伤亡人数仅次于 1976 年唐山 7.8 级地震，经济损失和救灾难度之大为历史罕见。四川、甘肃、陕西、重庆、河南、湖北、云南、贵州、湖南、山西等省、市共有 417 个县、4 667 个乡镇、48 810 个村受灾，受灾人口 4 625.6 万人，紧急转移安置 1 510.6 万人，因灾死亡 69 227 人，失踪 17 923 人，受伤 37.4 万人，倒塌房屋 796.7 万间，损坏房屋 2 454.3 万间，直接经济损失 8 523.09 亿元。

2. 四川省攀枝花 - 会理 6.1 级地震

2008 年 8 月 30 日 16 时 30 分，四川省攀枝花市仁和区与凉山彝族自治州会理县交界处（北纬 26.2°，东经 101.9°）发生里氏 6.1 级地震，震源深度 10 千米，之后又发生余震千余次，最大震级 5.6 级，给四川省和云南省造成严重的人员伤亡和财产损失。地震共造成川滇两省 126.9 万人受灾，因灾死亡 41 人，紧急转移安置 22.7 万人，倒塌房屋 2.2 万间，损坏房屋 64.3 万间，直接经济损失 36.2 亿元。

3. 四川省严重暴雨洪涝和泥石流灾害

2008 年 9 月 24 日至 25 日，四川省震区东部部分地区降了大到暴雨，导致四川地震灾区发生暴雨洪涝和泥石流灾害，共造成 220 万余人受灾，紧急转移安置 10.5 万余人，因灾死亡 19 人，失踪 40 人；倒塌民房 3 600 余户、1.3 万余间，损坏民房 2.4 万余间；因灾直接经济损失 9.6 亿元。

4. 西藏自治区那曲、山南等地区强降雪自然灾害

2008 年 10 月 26 至 28 日，西藏自治区那曲、山南、日喀则、林芝、昌都等地区出现强降雪过程，造成 19 县受灾，受灾人口 10.27 万人，因灾死亡 11 人，失踪 1 人，冻伤 81 人，其中 2 人重伤；因灾死亡牲畜 8 705 头(只)；直接经济损失 1.54 亿元。10 月 31 日，国家减灾委、民政部紧急启动四级应急响应，派出工作组紧急赶赴灾区，协助开展救灾工作，并及时调拨了帐篷、棉衣、棉被等救灾物资，安排灾民的生产生活。

5. 青海玉树 7.1 级强烈地震

2010 年 4 月 14 日晨，青海省玉树县发生两次地震，最高震级 7.1 级，地震震中位于县城附近。截至 4 月 25 日 17 时，玉树地震造成 2 220 人遇难，70 人失踪。为表达全国各族人民对青海玉树地震遇难同胞的深切哀悼，国务院决定于 2010 年 4 月 21 日举行全国哀悼活动，全国和驻外使领馆下半旗志哀，停止公共娱乐活动。

6. 甘南藏族自治州舟曲县特大山洪泥石流灾害

2010 年 8 月 7 日 22 时许，甘南藏族自治州舟曲县突降强降雨，县城北面的罗家峪、三眼峪泥石流下泄，由北向南冲向县城，造成沿河房屋被冲毁。泥石流阻断白龙江，形成堰塞湖。截至 12 日 16 时 30 分，灾害共造成 1 144 人遇难，重伤住院 64 人，其中转院 58 人，出院 5 人，门诊治疗 567 人；已解救人员 12 43 人，失踪 600 人。

7. 甘肃岷县特大冰雹山洪泥石流灾害

2012 年 5 月 10 日 17 时至 18 时，特大冰雹山洪泥石流突袭岷县，耕地被毁，房屋倒塌，公路塌方，通信瘫痪，供电中断，灾害造成 47 人死亡、12 人失踪、132 人受伤入院治疗、35.8 万人受灾。

8. 尼泊尔 8.1 级地震西藏受灾

2015 年 4 月 25 日 14 时 11 分，尼泊尔(北纬 28.2°，东经 84.7°)发生 8.1 级地震，震源深度 20 千米，余震 31 次，该震中距离我国西藏自治区日喀则市约 425 千米。我国西藏自治区拉萨、日喀则等地震感明显，樟木口岸通信中断，聂拉木县、吉隆县吉隆镇有房屋倒塌。截至 2015 年 5 月 1 日，地震至少造成尼泊尔 7 040 人死亡，14 123 人受伤，中国西藏、印度、孟加拉国、不丹等地均出现人员伤亡。截至 26 日零时，西藏自治区日喀则境内发生 3 级以上地震 10 次、最大震级达到 7 级，其中聂拉木、吉隆、定日、萨嘎、仲巴、亚东、拉孜、普兰等县受灾严重。灾害造成 18 人死亡，4 人失踪，55 人受伤，1 191 户房屋和 1 座寺庙倒塌，5 828 户房屋和 54 座寺庙出现不同程度受损，58 座通信基站受损，20 万人不同程度受灾。

3.3　高原高寒地区灾害现场应急救援模式及涉及人员划分

3.3.1　高原高寒地区灾害现场应急救援通用流程

《INSARAG国际搜索与救援指南》中将一次国际搜救任务分为准备、动员、行动、撤离和总结五个阶段。

根据《中华人民共和国突发事件应对法》和曹海峰所著《非常规突发事件应急预案研究:基于情景构建的视角》,将突发事件应对活动分为预防与应急准备、监测与预警、应急处置与救援、恢复与重建四个阶段。由于本书主要聚焦灾害现场生存保障,因此重点关注预防与应急准备、监测与预警、应急处置与救援三个阶段。

1. 预防与应急准备

预防与应急准备是指避免、预防、阻止危险源和威胁变为现实,以及减轻突发事件造成的实际或潜在效果或后果的活动。主要包括如下几方面。

(1)了解危险源和威胁:包括信息收集与管理、危险源和威胁辨识、风险评估、隐患排查。

(2)控制危险源和威胁:包括技术与工程控制措施、相关人员限制措施、政府监管监察措施等。

(3)消除危险源和威胁:包括规划与设计、动机消解、物理隔离与防护、公共安全文化与素质提升。

(4)建立和维护应急准备体系、制定应急准备的指导性文档。

(5)完善规划体系及沟通协调机制:建立和完善应急规划体系,建立规划合作伙伴关系。

(6)建立和维持应急能力:包括开发和实施应急能力建设项目、开展应急队伍建设和技能培训。

(7)验证和更新应急能力:包括开展应急演练活动、开展应急准备评估、更新和改进应急能力。

2. 监测与预警

监测与预警是指对可能引发各类突发事件的威胁和危险源的特征参数进行人工观测或自动监测,在发现可能引发突发事件的某些征兆或者事态发展到事先设定的预警临界点时,立即发布相关预警信息以便采取防范措施。主要包括以下两个方面:

(1)对自然灾害、事故危险源、犯罪与恐怖行为、公共卫生事件等突发事件进行监测与预警。

(2)建立和维护情报信息融合平台、信息研判和预警系统、综合预警信息发布系统。

3. 应急处置与救援

应急处置与救援是指在即将发生前、发生期间或紧随发生后,为抢救与保护生命、保护财产与环境、满足人类基本需要、清除现场的危害因素,以及对事件响应活动进行管理与协调而采取的各种行动。主要包括以下方面。

(1)抢救与保护生命:包括搜索与救护行动、紧急医疗救助、公众疏散和就地避难、应急人员安全与健康保护等。

(2)满足基本人类需要:包括应急生存保障、应急交通运输保障、应急资源与服务保障、遇难者管理服务等。

(3)保护财产和环境:包括现场安全保卫与控制、基础设施和关键业务保护、环境应急响应与保护等。

(4)消除现场危害因素:包括火灾事故应急处置、爆炸装置应急处置、危险品泄漏处置和清除、人群聚集性事件应急处置等。

(5)事件管理与协调:包括事件形势监测与评估、事件现场管理、应急响应行动协调、应急响应通信保障、应急公共信息管理等。

3.3.2 高原高寒地区灾害现场应急救援通用模式

依托行动基地分队开展应急救援是目前高原高寒地区灾害现场应急救援的通用模式。由于灾害现场资源短缺、设施破坏,救援人员难以依托外界开展后勤保障。因此,现代应急救援理念要求救援队伍不仅能够独立开展搜救行动,而且必须具有较高的自身后勤保障能力。抵达灾害现场后,救援队伍要根据优先性原则紧急开展救援行动,同时建立行动基地,并由行动基地向工作场地输出机动、便携或个体保障资源,保障整个救援工作的顺利实施。根据国家标准《地震灾害紧急救援队伍救援行动　第1部分:基本要求》(GB/T 29428.1—2012)规定,行动基地是指救援人员在救援现场建立的指挥、休整、医疗、装备存放和物资存放的场地。因此,行动基地是救援队伍支撑工作场地救援行动的主要平台,集通信站、住宿、休息、餐饮、医疗区、装备存放地和安全庇护所等多种功能于一身。

根据《INSARAG国际搜索与救援指南》,以重型救援队为例,行动基地保障人数60人左右,保障时间为自给自足持续保障10天,基地规模约50 m×40 m,执行医救+后勤保障的人数为10~12人。行动基地在功能设置上包括人员宿营区、食物存储与餐饮区、装备存放与维修区、应急供电区、车辆停放区、进入洗消区、脏物区、清洁区、淋浴区、指挥/通信区、工作场所、媒体/会议区、队员集会区、医疗救治区、隔离区、垃圾处置区、公共卫生厕所、照明区等。行动基地的选择应满足如下条件:

(1)有灾害现场指挥部门提供位置信息;

(2)面积适宜的区域;

(3)尽量利于安全保卫;

(4)临近工作场地;

(5)交通便利;

(6)环境考量(路面坚硬、排水良好);

(7)紧邻后勤补给资源,容易获取后勤保障和资源保障;

(8)位于不影响通信(手机、卫星)的区域。

行动基地布局如图3-2所示。

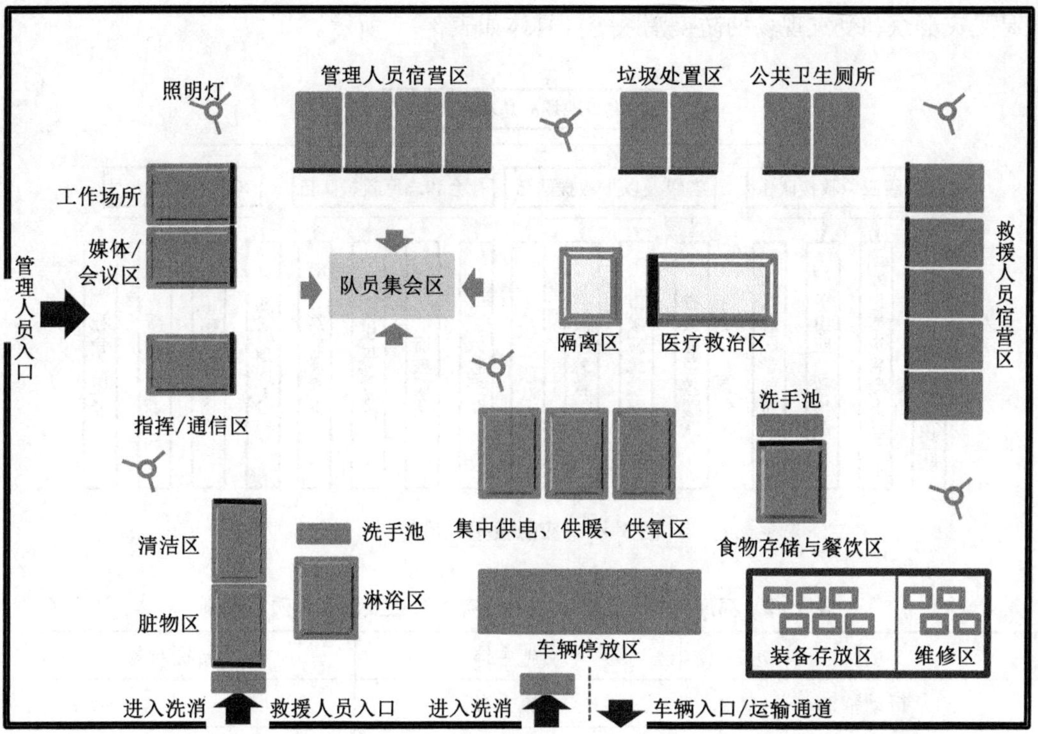

图3-2　《INSARAG国际搜索与救援指南》建议的行动基地布局示意图

3.3.3　高原高寒地区灾害现场生存保障对象及类别划分

高原高寒地区灾害现场生存保障对象包括受灾群众和应急救援人员两类。

受灾群众可以分类两类,有些没有受到身体伤害,仅需要建立临时性或集中性安置点进行基本安置;有些群众受到身体伤害,除基本的生存保障外,还需要开展针对性的医学救护和心理疏导。

应急救援人员可分为国家级应急救援队伍、省级及以下救援队伍、社会和志愿救援队伍、其他类救援人员4类,具体如图3-3所示。其中,国家级应急救援队伍主要包括国家综合性消防救援队、国家地震灾害紧急救援队,以及其他国家级专业救援队等;省级及以下救援队伍包括省、市、县、乡镇和企业级各类救援队伍,一般重点面向所辖区域的典型自然灾害,具有鲜明的区域特色;社会和志愿救援队伍作为重要的民间救援力量,如蓝天救援队、红箭救援队、北极星救援队等,其灾害救援自主性高、行动灵活、群众基础好;其他现场救援人员包括政府指挥人员、灾害评估专家、新闻工作者等。救援人员在到达灾害现场后,一般先建立行动基地,依托行动基地组织实施现场救援抢险工作。

综上所述,高原高寒地区灾害现场生存保障对象主要包括两类人员、三个现场。两类人员分别是受灾群众和救援人员,三个现场分别是行动基地、集中/过渡性安置现场、抢险救灾现场。从人员角度来看,除受灾群众已经遭受的直接伤害外,两类人员的共性特征就是面临灾害后的次生、伴生灾害风险和高原高寒特殊环境考验,救援人员还面临作业施工和机体疲劳风险。从现场角度来看,行动基地的实施主体和救援对象主要是救援人员;集中/过渡性安置现场的实施主体是受灾群众;抢险救灾现场的实施主体是救援人员,工作对象是受灾群众和受灾现场的防疫消杀等。具体如表 3-2 所示。

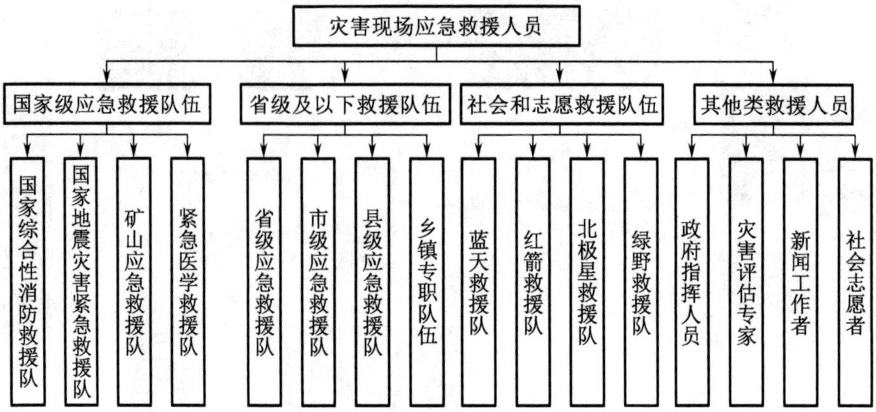

图 3-3　应急救援人员类别

表 3-2　高原高寒地区灾害现场生存保障主要涉及人员及类别

场所	实施主体	救援对象
行动基地	救援人员	—
集中/过渡性安置现场	救援人员	受灾群众
抢险救灾现场	救援人员	受灾群众 + 受灾现场

3.4　高原高寒地区灾害现场生存保障装备体系边界

1. 灾害现场

高原高寒地区可能发生的自然灾害种类繁多,为突出重点,本书主要针对地震、冰雪灾害、森林/草原火灾等高原高寒地区典型自然灾害研究生存保障装备体系建设,同时兼顾其他自然灾害对生存保障装备体系的需求。

参照国家标准《防震减灾术语 第 2 部分 专业术语》(GB/T 18207.2—2005)《地震灾害紧急救援队伍救援行动 第 1 部分:基本要求》(GB/T 29428.1—2012)相关内容,可将"灾害现场"定义为自然灾害发生后,能体现当时灾害现况及需要实施灾害应急救援并开展相关工作的地点、空间区域或场地。根据现行的救援模式,灾害现场可包括行动基地、集中/过渡性安置现场和救援现场。

2. 生存保障

生存保障可理解为特殊环境下为完成任务使命的最基本需求保障。针对受灾群众,生存保障主要任务是维持个体生命存活和基本生活条件;针对救援人员,生存保障主要任务是保障救援人员生命安全并完成应急救援任务。

3. 保障对象

生存保障对象是灾害现场人员，分为受灾群众和救援人员两类。灾害现场包括应急救援人员的作业现场或行动基地，以及受灾群众的集中安置点或过渡性安置区。

4. 生存保障装备

生存保障装备可定义为为了保障人员在特定地理环境或特殊境况下的基本生存需要，必须配备的专业器械、设备或设施。因此，界定生存保障装备的核心判定标准是，该装备是否为现场人员抵御高原高寒地区灾害现场安全风险所必须配备的维持自身基本生存或生活的装备。生存保障装备是应急救援装备子集，不包含专门用于现场搜索和救援的装备。

《INSARAG 国际搜索与救援指南》要求救援队伍必须具备管理、搜索、救援、医疗和后勤 5 项能力，且重型救援队伍须具备独立的后勤保障。生存保障装备主要涉及救援队伍自我的紧急医救装备和后勤保障装备。具体如表 3－3 所示。

表 3－3　《INSARAG 国际搜索与救援指南》中关于生存保障内容的界定

类别	主要包含内容
后勤保障装备	①充足食品保障； ②充足饮水保障； ③适合当时天气条件的人员住宿帐篷； ④鞋靴洗消区、灾害现场防疫等防疫洗消保障； ⑤厕所、废弃物品处理等垃圾管理； ⑥淋浴、洗手间等淋浴卫生保障； ⑦电力照明； ⑧油料保障； ⑨头盔、手套、眼耳防护、呼吸防护、安全靴、个人药品等个人装备； ⑩其他后勤需求。
紧急医救装备	①药品预防、医疗监测等初级护理； ②休克救治、高级心肺复苏等急救护理； ③固定与包扎、骨折或伤口处理、出血处理等创伤急救； ④转运及抬升处理； ⑤镇静与疼痛处理； ⑥心理与行为保健； ⑦健康与卫生； ⑧传染病预防； ⑨其他紧急医救需求。

5. 高原高寒地区灾害现场生存保障装备体系

综上所述，高原高寒地区灾害现场生存保障装备体系，主要是针对高原高寒地区地震、冰雪灾害等常见自然灾害突发事件发生后，满足受灾群众基本生存需要及维持救援人员正常开展应急救援生存需要的设备、器具、软硬件系统、物资等及其技术组成和结构特征的体系实例。

第 4 章　高原高寒地区灾害现场生存保障任务需求分析

4.1　高原高寒地区灾害现场生存保障任务需求分析方法

生存保障任务分析是对装备体系各类保障任务进行细化分解至适用的保障活动，确立层次化树状结构的任务需求体系，是后期进行保障能力需求分析的重要输入。

高原高寒地区灾害现场生存保障任务需求分析，要面向未来国家对应急救援及高原高寒地区发展的顶层要求，着眼于全灾种联合救援的整体性和协调性等需要，构建从“使命任务”到“风险应对”再到“生存保障能力”的映射关系，并从不同救援对象、救援模式的角度分析相应的能力要求。

因此，高原高寒地区灾害现场生存保障任务需求分析，应站在国家需求的高度，以应急救援使命任务和建设要求为原始输入，以高原高寒地区灾害现场的各类风险应对为出发点，着眼不同救援队联合组织实施高效救援行动、构建体系结构，形成满足高原高寒地区灾害现场生存保障能力需求方案集。具体如图 4－1 所示。

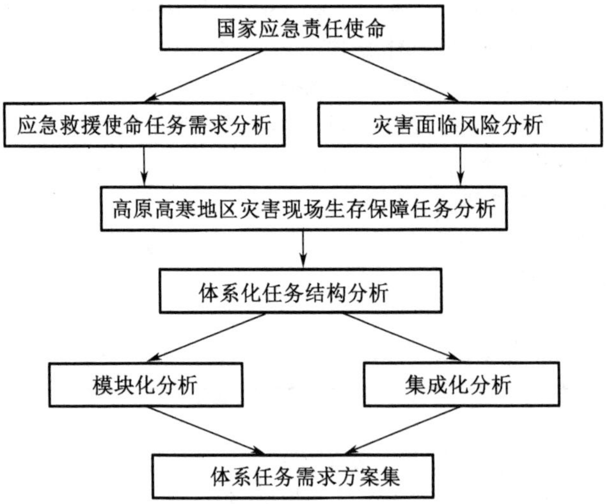

图 4－1　高原高寒地区灾害现场生存保障任务需求构建方法

4.2　高原高寒地区灾害现场生存保障使命任务分析

我国是世界上自然灾害发生频次较多，后果较为严重的国家之一，灾害种类多，分布地域广，发生频率高，造成损失重。历经各种灾害考验，我国积累了丰富的灾害现场抢险救援经验，为后期科学应对和组织实施抢险救援工作奠定了坚实基础。

党和国家高度重视灾害现场抢险救灾工作，不断提升应急救援能力建设。2018 年，伴随新一轮国务院机构改革，中华人民共和国应急管理部成立；同年，习近平向国家综合性消防救援队伍授旗并致训词。应急管理部和国家综合性消防救援队伍的成立，有利于健全公共安全体系，整合优化应急力量和资源，推动形成统一指挥、专常兼备、反应灵敏、上下联动、平战结合的中国特色应急管理体制，提高防灾减灾救灾能力，确保人民群众生命财产安全和社会稳定。2018 年 10 月，习近平主持召开中央财经委员会第三次会议，专题研究提高我国自然灾害防治能力的问题。会议提出，提高自然灾害防治能力，要全面贯彻习近平新时代中国特色社会主义思想和党的十九大精神，牢固树立"四个意识"，紧紧围绕统筹推进"五位一体"总体布局和协调推进"四个全面"战略布局，坚持以人民为中心的发展思想，坚持以防为主、防抗救相结合，坚持常态救灾和非常态救灾相统一，强化综合减灾、统筹抵御各种自然灾害。要坚持党的领导，形成各方齐抓共管、协同配合的自然灾害防治格局；坚持以人为本，切实保护人民群众生命财产安全；坚持生态优先，建立人与自然和谐相处的关系；坚持预防为主，努力把自然灾害风险和损失降至最低；坚持改革创新，推进自然灾害防治体系和防治能力现代化；坚持国际合作，协力推动自然灾害防治。会议针对自然灾害防治关键领域和薄弱环节，部署了九项重点工程，包括实施自然灾害防治技术装备现代化工程，加大关键技术攻关力度，提高我国救援队伍专业化技术装备水平。2019 年 11 月，中共中央政治局就我国应急管理体系和能力建设进行第十九次集体学习。中共中央总书记习近平在主持学习时强调，"应急管理是国家治理体系和治理能力的重要组成部分，承担防范化解重大安全风险、及时应对处置各类灾害事故的重要职责，担负保护人民群众生命财产安全和维护社会稳定的重要使命。要发挥我国应急管理体系的特色和优势，借鉴国外应急管理有益做法，积极推进我国应急管理体系和能力现代化。"2020 年新型冠状病毒肺炎疫情发生以来，中央先后召开了政治局常务委员会议、中央全面深化改革委员会第十二次会议、中央全面依法治国委员会第三次会议等重要会议，专题研究部署推动突发事件应对和应急管理能力建设，提出了一系列新的任务和要求。中央关于应急能力建设和公共安全体系建设的重要精神，是自然灾害防治和救援工作必须遵循的总纲领、总要求，是生存保障使命任务分析的根本出发点。

"牢固树立以人为本理念，把确保人民群众生命安全放在首位，保障受灾群众基本生活"是灾害现场救援和生存保障的首要原则。自然灾害突发后，第一时间让受灾群众"有饭吃、有衣穿、有安全的临时住所、有干净的水喝、有医疗服务"，并加强对集中安置现场的服务管理，做好基本生活物资保障、卫生防疫、次生灾害防治等工作，使集中安置现场井然有序、群众基本生活有切实保障，对维护人民群众生命安全和社会稳定意义重大。

4.3 高原高寒地区灾害现场生存保障面临主要风险分析

4.3.1 高原高寒地区灾害现场受灾群众面临主要风险分析

通过对近年来自然灾害的研究分析发现，高原高寒地区重大自然灾害发生后，受灾群众主要面临四个方面的风险（图 4 - 2）。

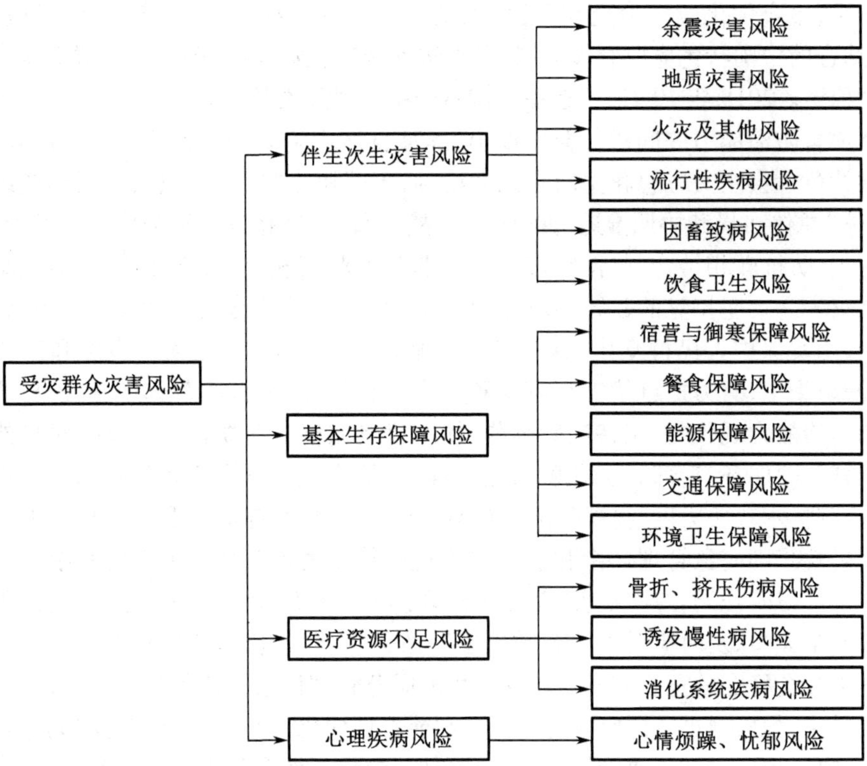

图 4 - 2　高原高寒地区灾害情景下受灾群众风险致害分析

1. 伴生次生灾害风险

高原高寒地区自然灾害发生后，往往发生多种直接或间接的伴生或次生灾害。直接的伴生次生灾害风险主要是余震、地质灾害、火灾等风险；间接的伴生次生灾害风险主要是包含鼠疫、人畜共患病、狂犬病等传染病的公共卫生风险。

（1）直接伴生次生灾害风险。直接伴生次生灾害风险具体包括以下几点。

①余震灾害风险。主震发生后，余震不断，直接威胁受灾群众生命安全。例如，2008 年 5 月 12 日汶川地震发生后，截至 2008 年 6 月 23 日 17 时，在 40 余天时间内共发生 13 718

次余震，其中4.0～4.9级187次，5.0～5.9级28次，6.0～6.9级5次，最大震级为6.4级。2010年4月14日玉树地震发生后，截至14日下午14时已经发生了18次余震；截至19日8时，中国地震局台网共记录到玉树地震余震总数为1 206次，其中3.0级以上余震12次。

②地质灾害风险。地震往往导致极重灾区多处山体基岩表层松散堆积物滑塌，震区周边多条路段出现大面积的滑坡、沉陷、路面裂缝，地震造成不稳定斜坡、崩塌、滑坡等地质灾害隐患频现。例如，汶川地震发生后，巨大的滑坡、崩塌、泥石流造成许多建筑物和民房倒塌，造成了人员的大量伤亡，也使公路、铁路、桥梁、通信等大量基础设施摧毁。据统计，汶川地震引发的地质灾害多达12 000多处，潜在隐患点近8 700处，有危险的堰塞湖30多座。玉树地震导致多处山体基岩表层松散堆积物滑塌，最大滑塌体高100米，宽90米；国道214线和109线滑塌方量共约10万立方米；省道308线路边山体出现5处崩塌现象。10余座大中桥梁不同程度发生位移。震区周边多条路段出现大面积的滑坡、沉陷、路面裂缝。地震造成地质灾害隐患25处，其中不稳定斜坡、崩塌、滑坡等重大地质灾害隐患16处，泥石流重大隐患沟9处。

③火灾及其他风险。自然灾害发生后，各种化学危险物品的生产、储存、运输、加工经营的企业场所，以及各类加油站、液化气站易燃化学品泄漏燃烧，生活用煤气罐和天然气管道破坏泄漏燃烧，汽车等交通工具碰撞起火、电线短路、电弧、火花、电气过载起火等，极易造成火灾。例如，2010年青海玉树地震就引起多起火灾，截至2010年4月22日18时，仅青海消防总队扑救由地震引起的火灾就有42起。除火灾外，重大自然灾害还可能引起化工原料泄露、空气污染、尾矿库垮塌、水污染、土壤污染等其他风险。

(2)间接伴生次生灾害风险。自然灾害发生后，受灾群众的正常生活被打乱，休息、饮食营养得不到充分保证，精神压力加大、免疫力下降，环境卫生情况恶化，容易遭受传染病等间接的伴生次生灾害风险，具体包括以下几点：

①流行性疾病风险。受灾群众民普遍采取集中安置模式，人口密度增大、接触密集，流行性疾病风险增大。

②因畜致病风险。自然灾害的发生造成大量家畜、家禽或野生动物死亡，如果不及时进行洗消或处置，病原体容易快速扩散导致人体患病。鼠类、禽类或其他动物生存环境改变，活动更加频繁，传染鼠疫、禽流感等疾病的风险增加。灾后猫、狗等无人管理动物增多，容易伤人导致狂犬病等疾病发生。

③饮食卫生风险。灾后生活垃圾、人禽粪便、医疗垃圾等导致地面环境污染严重，水源污染威胁性极大。当地食物资源受到不同程度的破坏，食物供给来源扩大，污染环节增多；食品加工、储藏、运送等污染途径广泛；等等。

2. 基本生存保障风险

重大自然灾害发生后，灾区住房、饮食、能源、交通等城市生命线系统可能遭受严重破坏，受灾群众面临“无临时住处、无饭可吃、无干净水喝、无衣可穿”的基本生存保障风险，具体包括以下几点。

(1)宿营与御寒保障风险。地震等灾害过后，房屋大量倒塌，或因裂缝等原因存在较大安全隐患，无法满足受灾群众住宿需求。高原高寒地区具有气温低、气压低、氧气含量低、紫外线强等特点，长期暴露于室外环境中，容易导致冻伤、晒伤或诱发其他疾病。

(2)餐食保障风险。自然灾害可能导致食品供应链严重破坏，食品或食材无法正常供应，食品加工设备损毁，受灾群众面临缺乏食品的生命安全风险。因管网损坏、设备破坏、电力中断等原因，城市自来水系统可能无法正常供应，地表或地下水源遭受污染，受灾群众饮水需求面临严峻挑战。

(3)能源保障风险。随着经济社会发展，人类生活已经与电力、燃气等能源系统密不可分。重大自然灾害过后，发电系统、变电系统、输电线路、燃气管网等可能遭受破坏，电力、燃气供应中断情况非常普遍，给受灾群众基本生活带来很大困难，也可能影响群众生命健康安全。

(4)交通保障风险。重大自然灾害及次生灾害可能造成交通基础设施损毁、道路破坏，外界救援或物资运输车辆难以进入灾区，直接影响基本生存保障物资供应，阻碍救援和救助工作正常进行。

(5)环境卫生保障风险。自然灾害发生后，遗留的家畜、家禽等动物尸体如果不及时处置，极易污染环境。受灾地区垃圾处理体系遭受破坏，临时安置人员产生的生活垃圾、医疗垃圾和粪便往往不能及时处理，污染空气、水体和土壤，给受灾群众带来疾病隐患。

3. 医疗资源不足风险

自然灾害能够导致大量人员受伤或遭受疾病，对医疗资源需求呈现爆发式增长。2008年四川汶川地震，共造成374 643人受伤(截至2008年9月18日)；2010年青海玉树地震，造成11 744人受伤(截至2010年4月16日)。灾区地区医疗资源遭受严重破坏，外地医疗资源因动员机制、交通堵塞等原因难以快速进入，短时间内医疗资源严重短缺。由于房屋建筑物倒塌埋压，大量伤员遭受骨折或挤压综合征等折磨，如果不能及时采取有效措施治疗，生命健康直接面临危险。灾民应急安置期发生流行性疾病和消化系统疾病等风险增大，对各种综合医疗资源需求更加复杂，需求量更大。

4. 心理疾病风险

心理疾病风险主要包括短期和长期风险两个层面。短期来看，部分受灾群众因灾害心理受到严重刺激，直接诱发心理疾病；长期来看，部分受灾群众因亲属离世、身体残疾、生活改变等而导致心理疾病。由于大部分高原高寒地区经济发展水平较低，对心理疾病的公众认识水平和治疗救助水平也相对较低，因此在一定程度上加剧了心理疾病风险。

4.3.2 高原高寒地区灾害现场救援人员面临主要风险分析

救援人员与受灾群众面对同样的环境条件，同时承担繁重的救援任务，其面临的风险更加复杂。通过对近十年高原高寒地区自然灾害应急救援案例，特别是2010年青海玉树地震救援过程进行分析得知，救援人员主要面临以下四个方面风险(图4－3)。

1. 伴生次生灾害风险

救援人员面临的伴生次生灾害风险内容与受灾群众基本相同，但因救援任务需求，多工作于建筑物废墟等环境复杂地方，这些地方发生伴生次生灾害的可能性更大，因此救援人员面临的风险更大。

2. 基本生存保障风险

基本生存保障风险主要包括宿营与御寒保障、餐食保障、能源保障、交通保障、环境卫生保障等风险，救援人员与受灾群众面临风险相似。

3. 高原高寒环境不适应风险

(1)急性高原病风险。高原地区气压低、氧气含量低，救援人员从平原地区急速进入高原地区，容易导致机体缺氧，可发生一系列的代偿性变化以适应高原环境，但若代偿功能失调即会罹患急性高原病。一般来说,急性高原病分型为急性高原反应(或称为急性轻型高原病)、高原肺水肿和高原脑水肿。其中,急性高原反应一般是指机体急速进入高海拔地区暴露于低氧环境后产生的各种病理性反应,主要症状有头痛、头晕、心悸、胸闷、气短、乏力、睡眠障碍、恶心、呕吐、腹胀、腹泻等,按照病状轻重又可分为轻度、中度和重度,重度需要临床治疗。急性轻型高原病在短期适应或对症治疗后,症状及体征可显著减轻或消失;但若治疗不及时导致病程拖延,在发病诱因作用下往往可引起严重的高原病,发展成为高原肺水肿和高原脑水肿,甚至可引起患者死亡。高原肺水肿与一般急性肺水肿(心源性)相似,临床表现有呼吸困难、咳嗽、咳大量白色或粉红色泡沫痰。高原脑水肿是由脑缺氧引起的严重脑功能障碍,属于急性高原病中最严重型之一,主要症状有剧烈头痛、头晕、共济失调、昏睡以及昏迷等,部分病人可出现抽搐或脑膜刺激症状。急性高原病病情复杂、发展变化快,是高原地区特有的常见病与多发病,不仅影响应急救援效率,还可造成多器官损害或功能障碍,严重威胁人的生命安全。

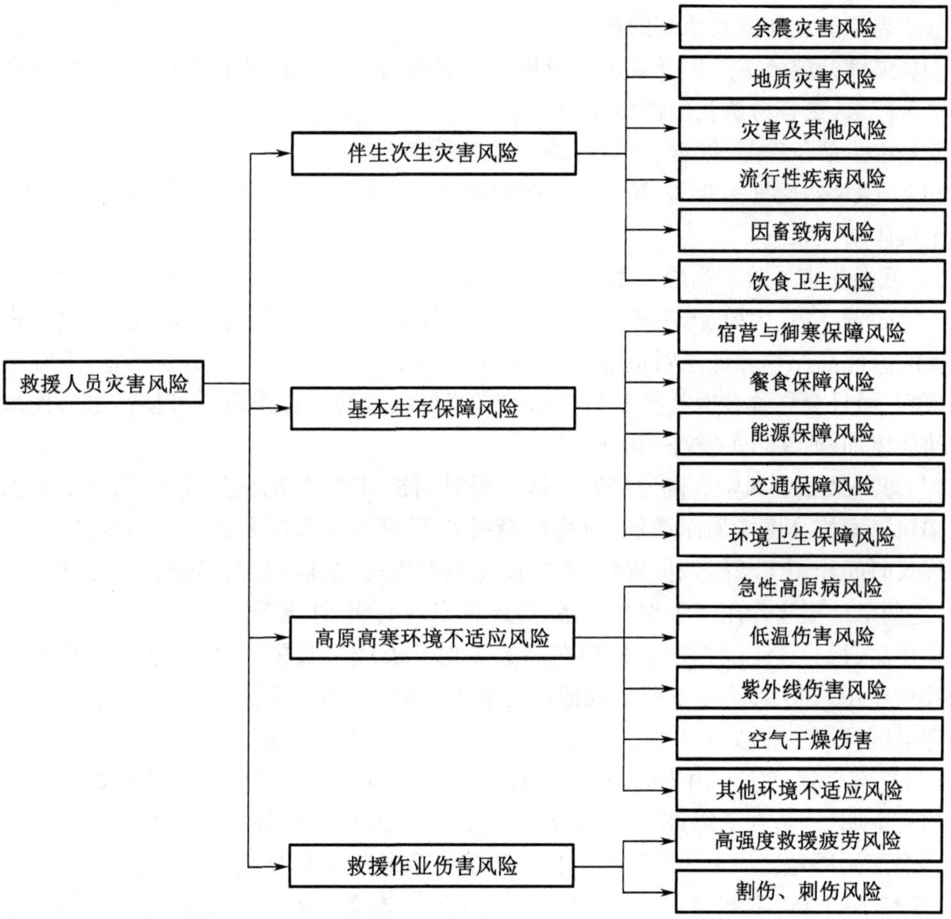

图4－3　高原高寒地区灾害情景下救援人员风险致害分析

以玉树地震为例,地震灾区位于3 800～4 400 m高海拔地区,低海拔地区救援队到达灾区后高原反应普遍,部分救援队发病率达到90%以上,导致救援工作无法顺利进行。广东消防救援队是首支到达地震灾区的外地消防救援队伍,由于不适应高原高寒气候,多数队员发生较强烈的高原反应，最终于4月19日被迫全部撤离；四川医疗队6名救援人员也因严重高原反应被迫转送至成都救治。

总体来看，从低海拔地区进入高原高寒地区的救援人员容易发生急性高原病，原因主要有以下六个方面。

①对急性高原病易感人员缺乏筛查。人体对高原的习服能力存在明显的个体差异，患有呼吸系统疾病、高血压或低血压的人员，曾患过高原肺水肿、高原脑水肿的人员，有癔症、癫痫、其他精神障碍病史的人员均容易发生急性高原病。自然灾害发生后，由于救援任务急迫，很多救援队伍来不及对急性高原病易感人员进行筛查。

②救援人员往往经历长途跋涉进入灾区，在路途中机体已处于缺氧状态或罹患急性高原病，开展救援后病情加重。

③救援人员心理应激反应强烈，精神压力大。急进高原救援人员可能对当地风俗习惯、气候特点、高原环境和急性高原病缺乏认识，心理和生理准备不足。到达灾区后，面对人员伤亡场景、恶劣的气候环境、紧张的工作等不良刺激，救援人员心理应激反应强烈，易诱发急性高原病或加剧高原病的病情。

④高强度开展救援工作导致过度劳累。剧烈体力活动或过度劳累增加氧耗，导致机体缺氧更为严重，更容易诱发急性高原病。

⑤基本生活条件差，饮食、住宿等条件难以保障。

⑥天气寒冷、反复多变，容易诱发上呼吸道感染，从而导致机体代谢率加快、增加氧耗，并加重机体缺氧状态。

(2)低温伤害风险。高原高寒地区气温低、昼夜温差大、气候变化剧烈，自然灾害发生后往往伴随着降雪、大风、冰雹等并发灾情，易使救援人员上呼吸道感染、感冒发烧，进而诱发严重的急性高原病。低温对应急救援行动产生很大影响，不仅易引发感冒、上呼吸道感染等疾病，而且会导致救援人员发生冻伤。严寒与缺氧的综合作用既可使高原病发病率增加或使病情加剧，又可加重冻伤的程度。

(3)紫外线伤害风险。高原高寒地区日照时间长，日光中的紫外线强，人在高原所受的日光辐射随海拔高度增加而增加，过度的紫外线照射可对救援人员皮肤和眼睛造成损害。紫外线长时间作用于救援人员皮肤，可导致光照性皮炎，皮肤局部出现红斑、脱皮、瘙痒、水疱等，这些机体损害作用于中枢神经系统，还可出现头痛、体温升高等症状。眼睛受紫外线过强作用后，视力会受到损伤。特别在高原雪地开展应急救援时，由于积雪对紫外线有较强的反射作用，如不注意防护可损伤眼结合膜及角膜，导致救援人员出现雪盲。因此，在高原高寒地区开展应急救援，应加强对救援人员皮肤和眼睛的保护。

(4)空气干燥伤害。由于高原高寒地区气压低、风速大、空气干燥，人体的水分极易蒸发。研究证明，人员在高原进行轻体力劳动时，每天经皮肤和肺以不显性蒸发方式丧失的水分远高于平原地区。干燥的高原气候还可能导致救援人员出现皮肤黏膜干燥，发生皮肤皲裂、鼻衄等病症。在寒冷和干燥气候双重作用下，救援人员还会出现皮肤血管收缩、皮脂腺分泌功能降低的状况，从而使得皮肤皲裂、鼻衄等更加严重。

(5)其他环境不适应风险。大风是高原高寒地区的显著气候特征之一。大风不仅妨碍人的活动、增加氧耗，而且能导致疲劳与衰竭。大风也是高原寒冷气候的一个重要附加因素。随着风速的增大，皮肤表面的有效温度随之降低，机体感觉更加寒冷。此外，高原高寒地区大气压强较低，水的沸点随着海拔高度增加而降低，饭菜不容易煮熟，再加上缺氧、低气压的物理影响,可使人胃肠道内气体膨胀,产生腹胀,影响消化和吸收功能,进而引发消化道疾患。

4. 救援作业伤害风险

救援作业伤害风险主要体现在两个方面。首先,在高原高寒环境中实施高强度救援作业容易诱发疲劳、损伤或疾病。对于灾害应急救援任务而言,时间就是生命,救援效率直接决定挽回生命的数量。学术界普遍认为,灾后72小时为救援的"黄金期",72小时后搜救出的人员存活率极低。统计数据显示,灾害发生后的72小时内,搜救出的人员存活率随时间的消逝呈递减趋势。在第一天(24小时内),被救出的人员存活率为90%左右;第二天,存活率为50%~60%;第三天,存活率仅为20%~30%。因此应急救援是与时间赛跑的作业,一般具有非常高的作业强度,即使对于专业救援人员,也存在体能和心理上的双重考验。在玉树地震救援中,大多数救援队伍经长途奔波到达现场后,立即开展高强度的现场救援工作,每天平均工作十几个小时,劳动强度极高,不少救援人员出现高原反应后仍超负荷工作。在高原高寒气候和生存保障不足情况下,高强度救援工作容易诱发损伤或疾病,存在生命或健康安全风险。其次,救援主要在建筑物废墟等环境中实施,结构稳固性差、表面形状复杂,在救援过程中存在人员被砸伤、刺伤等伤害风险。

4.3.3　高原高寒地区生存保障装备效能下降或失效风险分析

从救援模式来看,应急救援队伍抵达灾害现场后,一般会根据后勤保障需求建立各自的行动基地,并由行动基地向工作场地输出机动、便携或个体保障资源对救援人员进行全方位的生存保障,从而保证应急救援工作的顺利实施。

高原高寒地区具有气温低、气压低、氧气含量低、紫外线辐射强等特点,容易导致生存保障装备的动力系统、电气系统、液压系统、气动系统等效率下降或发生失效,普通生存保障装备无法完全满足高原高寒地区任务需求。近年来,高原地区灾害救援尤其是青海玉树抗震救灾行动表明,因装备性能下降而无法提供有效保障的情况较为普遍。

高原高寒地区特殊自然环境导致生存保障装备效能下降或失效的风险主要体现在以下方面。

1. 导致发动机功率下降、点火困难

发动机是生存保障装备主要动力源。发动机在高原高寒地区运行时,由于进气充量减少而出现燃烧恶化、动力和经济性下降、碳烟排放升高、排气温度增加等问题,需要通过技术手段恢复功率,并且提高低温启动性能。

2. 减少装备的使用寿命

高原高寒地区特殊环境会对生存保障装备的材料、电气系统、仪器仪表等产生较大影响,降低装备使用寿命。高原高寒环境下,塑料和橡胶等高分子材料容易变硬、变脆、力学性能降低,金属材料腐蚀加快。电气系统外绝缘强度下降,击穿电压降低,空气介质冷却能力下降,电机等部件温度升高明显,寿命缩短。仪器仪表容易出现测量精度下降、零点漂移、重复性差等问题。

3. 降低食品加工燃烧器的燃烧效率

燃烧器是野外炊事装备的核心关键部件。高原地区低气压、低氧浓度会引起燃烧器中可燃混合气过量空气系数降低,浓度增加,导致燃烧不充分,产生热量较小。低温使燃油的流动性和雾化性减弱,导致点火困难或不能正常点燃。

4. 降低净水效率与质量,甚至损坏净水设备

低温会对净水设备的净水效率和净水质量产生严重影响。低温低浊水和低温高浊水分子活动强度减弱,混凝效果降低。膜材料在低温条件下过滤效率普遍降低,脆性增加,使用寿命缩短。长时间处于低温环境时,水中易出现"冰凌"现象,不仅会降低输水流速,同时还可能对分离膜造成严重损坏。

4.4 高原高寒地区灾害现场生存保障任务需求分析

4.4.1 基于保障对象的高原高寒地区灾害现场生存保障任务需求梳理

高原高寒地区灾害现场生存保障对象主要包括受灾群众和救援人员两类。如前所述,受灾群众面临的主要安全风险包括伴生次生灾害风险、基本生存保障风险、医疗资源不足风险、心理疾病风险四类;救援人员面临的主要安全风险包括伴生次生灾害风险、基本生存保障风险、高原高寒环境不适应风险、救援作业伤害风险四类。

与救援人员相比,受灾群众一般保障规模较大,侧重于基本生活保障的任务需求也较大。由于集中安置点或过渡性安置区相对固定,群体保障需求大于个人保障需求。因此,针对灾区受灾群众,重点任务需求主要是建立临时住所、饮食保障、防寒保暖、垃圾处理、防疫洗消、应急通信等基本生存保障,以及对受伤或患疾病人员提供紧急医疗救护,对出现心理问题的群众开展心理疏导。具体如表 4-1 所示。

表 4-1 高原高寒地区灾害现场受灾群众生存保障任务需求

	主要风险	任务需求
高原高寒地区灾害现场受灾群众生存保障任务需求	伴生次生灾害风险	紧急医疗
		消防灭火
	基本生存保障风险	宿营保障
		食品保障
		饮水保障
		供暖保障
		供电保障
		照明保障
		垃圾处理
		防疫消杀
	医治救援不足带来的风险	紧急医疗
		心理疏导

为高效施展救援工作,救援人员到达现场后需要快速搭建行动基地,进行灾情监测,制

定救援方案，实施救援作业。其中行动基地建设主要是应对基本生存保障风险、装备失效风险等，完成供氧、供暖、宿营、餐食、供水等保障工作，并做好油料供应、垃圾处置、防疫洗消等辅助保障工作。行动基地建立完成后，主要开展灾情监测、道路清障、废墟搜救、医疗救援、防疫洗消等工作，实施生命健康和财产救助。具体如表 4－2 所示。

表 4－2　高原高寒地区灾害现场应急救援人员生存保障任务需求

	主要风险	任务需求
高原高寒地区灾害现场应急救援人员生存保障任务需求	伴生次生灾害风险	灾后监测预警
		消防灭火
		紧急医疗
		动物疾病检测监测
		饮食卫生检测监测
		防疫消杀
	基本生存保障风险	宿营保障
		食品保障
		饮水保障
		供暖保障
		供氧保障
		垃圾处理
		防疫消杀
		供电保障
		照明保障
		通信保障
高原高寒地区灾害现场应急救援人员生存保障任务需求	高原高寒环境不适应风险	易感人员筛查
		身体健康监测
		供氧保障
		紧急医疗
		防寒防风防晒保障
	救援作业伤害风险	搭建行动基地
		实时监测灾情
		救援方案策划
		科学实施救援(包括强制休息)

4.4.2 基于保障场景的高原高寒地区灾害现场生存保障任务需求梳理

高原高寒地区灾害现场生存保障对象可以分为受灾群众、救援人员两类人员和行动基地、集中/过渡性安置现场、抢险救灾现场三个场景。其中,集中/过渡性安置现场的对象主要是受灾群众;行动基地的实施主体和工作对象主要是救援人员;抢险救灾现场的实施主体是救援人员,工作对象是受灾群众。与救援人员相比,受灾群众一般保障规模较大,侧重于生活保障的任务需求也较大,集中安置点或过渡性安置区相对固定,群体保障需求大于个人保障需求。下面将按照行动基地、集中/过渡性安置现场、抢险救灾现场三个场景进行生存保障任务梳理。

行动基地是现场救援的保障依托。行动基地建设要实现住宿、饮食、能源、通信,以及医疗救助、环境卫生等全面保障,其生存保障任务几乎囊括了高原高寒地区灾害现场生存保障的绝大部分任务需求。

集中/过渡性安置现场主要为灾害现场受灾群众提供集中休息和医治的场所,其生存保障任务主要是为灾民提供餐食保障、供水保障、供氧保障、通信保障、医疗保障、信息通报和心理疏导等。因此,集中/过渡性安置现场的生存保障任务更多是集中在基本的生存保障方面。

抢险救灾现场相对复杂,从救援人员来看,可以分为个体和救援分队、救援队、联合救援队等;从救援对象来看,既包括未脱离险境的受灾群众,也包括在抢险救灾过程中受到伤害的救援人员等。可见,抢险救灾现场的生存保障任务主要是对未脱离险境的受灾群众和在抢险救灾过程中受到伤害的救援人员的紧急医疗救护和转运、作业现场的防疫洗消等。具体如表 4 -3 所示。

表 4 -3 基于保障场景的高原高寒地区灾害现场生存保障任务需求梳理

场所	对象	任务需求	任务分解
行动基地	应急救援人员	基本生存保障、救援实施综合保障需求	易感人员快速筛查
			灾情获取与保障决策
			气象参数实时监测
			情景模拟与装备选配
			体温检测监测
			疫病快速检测
			宿营保障
			供氧保障
			供暖保障
			餐食保障
			供水保障
			供油保障

表4-3(续)

场所	对象	任务需求	任务分解
行动基地	应急救援人员	基本生存保障、救援实施综合保障需求	照明保障
			供电保障
			通信保障
			紧急救治
			垃圾处置保障
			防疫消杀保障
集中/过渡性安置现场	受灾群众	定点集中保障	宿营保障
			供暖保障
			餐食保障
			供水保障
			照明保障
			供电保障
			防疫消杀保障
			厕所保障
			垃圾处置
			紧急救治
抢险救灾现场	受灾群众、应急救援人员	现场救援基本保障(单兵和救援队)、紧急救援保障、转运保障、现场消杀、卫生防疫保障需求	紧急医疗救护
			安全转运
			动物疫病快速检测
			防疫消杀保障
			餐食保障
			供水保障
			移动制氧保障
			移动供暖保障
			移动油料保障
			通信保障
			单兵宿营保障
			单兵供水保障
			单兵餐食保障
			单兵保暖保障
			单兵供氧保障
			单兵卫生防护保障
			单兵急救保障
			单兵通信保障

第5章　高原高寒地区灾害现场生存保障能力需求分析

5.1　高原高寒地区灾害现场生存保障能力需求分析方法

分析“核心任务”的目的是要解决“应该做什么”的问题，而分析“能力需求”则是要解决“完成这些任务应具备什么条件”的问题。

高原高寒地区灾害现场生存保障能力需求分析，以高原高寒地区灾害现场应急救援的顶层使命任务为基础，分别针对灾害现场受灾群众与救援人员两类人员，以及行动基地、集中/过渡性安置现场和抢险救灾现场三类应用场景，以人员和场景面临的主要风险、保障任务需求为原始输入，瞄准联合救援和一体化救援趋势，结合各自的技术需求特点和技术发展水平，得到体系化的能力分析结果，最终形成满足高原高寒地区灾害现场生存保障体系能力解决方案集。具体如表5-1所示。

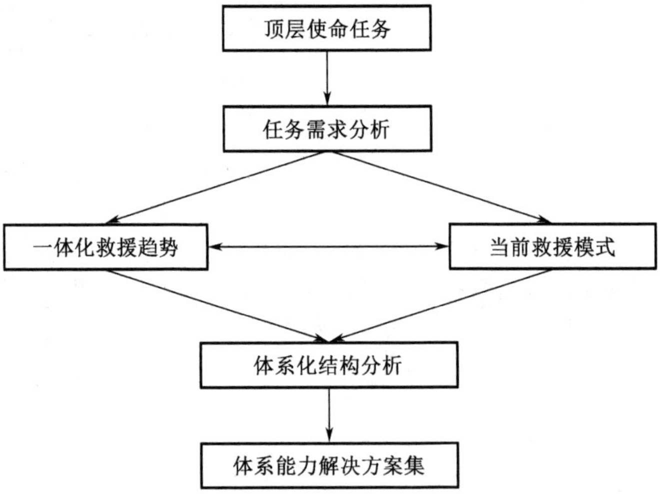

图5-1　高原高寒地区灾害现场生存保障能力需求分析方法

高原高寒地区灾害现场生存保障对象可以分为受灾群众、救援人员两类人员和行动基地、集中/过渡性安置现场、抢险救灾现场三个场景。总体来看，受灾群众和救援人员的生存保障需求有重复也有差异，不同应用场景的生存保障需求也是有重复有差异。如果仅考虑救援人员，其队伍力量规模和承担使命任务不同，对应的生存保障能力需求也不同。本章以行动基地、集中/过渡性安置现场、抢险救灾现场三个场景为维度，进行灾害现场生存保障能力需求分析，然后对相关能力进行优化和聚合，形成总体能力方案集。

5.2　高原高寒地区灾害现场生存保障能力需求分析

5.2.1　行动基地生存保障能力需求

救援队伍行动基地总体任务是为救援人员提供基本生存保障和为救援实施提供综合保障，具体任务包括易感人员快速筛查、灾情获取与决策、气象参数实时监测、情景模拟与装备选配、体温检测监测、疫病快速检测、宿营保障、供氧保障、供暖保障、餐食保障、供水保障、供油保障、照明保障、供电保障、通信保障、紧急救治、垃圾处置保障、防疫消杀保障等，几乎囊括了高原高寒地区灾害现场生存保障任务的绝大部分内容。具体生存保障能力需求分析如下。

1. 易感人员快速筛查

(1)筛查目的与内容。通过快速筛查，限制或减少患有以下疾病的应急救援人员从事高强度的救援工作，避免发生严重急性高原病。

①各种严重的器质性心脏病、心律不齐、高血压；

②各种血液系统疾病；

③较重的呼吸系统疾病，比如慢性支气管炎、支气管扩张、哮喘、肺气肿、肺结核等；

④癫痫、癔症、久治不愈的严重神经衰弱等神经和精神系统疾病；

⑤严重的肝、肾、内分泌系统等疾病；

⑥曾经患过高原肺水肿、高原脑水肿、高原心脏病和高原红细胞增多症者；

⑦患有急性感染性疾病，如上呼吸道感染、肺炎等，体温超过38 ℃等。

(2)易感人员快速筛查能力需求：

①对救援人员进行快速筛查，对于存在急性高原病风险人员发出警报提示；

②对救援人员的身体健康信息进行储存记录，并能够根据救援进程进行动态对比。

2. 灾情获取与保障决策

灾情获取与保障决策，主要是救援人员对高原高寒地区灾害现场与生存保障有关的信息收集、风险评估和保障决策。

(1)获取的灾情信息内容：

①灾害信息：灾害类型、灾害等级、影响范围、受灾地区、受灾日期/时间、级别/程度、初步报告等；

②地理信息：灾区地图、海拔范围、缺氧环境、地形地势情况、行动基地位置等；

③气象信息：当前天气、气温范围、未来可能出现的极端天气；

④灾区信息：人口规模及特征、语言、文化背景及注意事项、预计受困者人数、经济发展情况；

⑤风险信息：应急响应情况、基础设施损毁情况、当地卫生和医疗基础设施情况、传染

病类型和历史患病率、灾区潜在风险类型、饮用水和水质情况等。

(2)灾情获取与保障决策能力需求：

①灾情快速获取和整理收集能力；

②与历史同类或同区域灾情的比对分析能力；

③保障方案快速制定能力；

④气象参数实时监测能力。

3. 情景模拟与装备选配

情景模拟与装备选配，主要是对高原高寒地区自然灾害进行情景模拟，揭示潜在的灾害风险，根据模拟结果选配生存保障装备，一般通过数据库或软件平台实现。

(1)软件平台功能要求：

①根据输入的气象地理和灾情信息，能够分析潜在的生命安全风险；

②建立已有装备数据库，针对特定的生命安全风险，可进行快速检索查询，并给出装备建议清单；

③对进入高原高寒地区灾害现场的生存保障装备进行高效管理。

(2)情景模拟与装备选配能力需求：

①灾情演变演化的推理预测能力；

②典型高原高寒生存保障装备及性能的统计查询能力；

③智能化应急救援和生存保障装备配置方案提供能力。

4. 住宿保障

为了能尽快为救援人员建立住宿休息场所，保障救援人员生命安全和体能恢复，住宿保障需满足快速搭载、便捷移动要求，具有保暖、抵御风沙雨雪、防晒、隔音降噪等基本功能，并逐步向满足舒适度的需求拓展。

传统的应急住宿保障装备以帐篷为主，可以实现快速部署和撤收。但是在高原高寒地区，帐篷的密封、保暖、供氧等性能无法完全满足住宿保障需求。在夏季，由于高原紫外线辐射强，帐篷相对密闭，透气性差，空气不流动，内部异常闷热；在冬季，帐篷的保温效果较差，内部气温较低，影响人员住用舒适度和体能恢复效果。安全舒适的住宿保障装备是救援队伍行动基地生存保障的迫切需求。

行动基地住宿保障能力需求如下：

(1)满足行动基地救援人员住宿、工作和受伤群众紧急医治的需求；

(2)能够快速部署，易于搭建、维护、收撤，体力和时间消耗较少；

(3)住宿装备运输投送需求与灾害现场运输投送能力相匹配；

(4)具有较好的气密性和水密性，能够有效防止风沙、雨雪对居住人员的影响；

(5)寒冷条件下住宿装备具有良好的保暖性能和供暖保障能力；

(6)高海拔地区特殊用途的宿营空间应具备供氧保障能力。

5. 供氧保障

急性高原病是急进高原救援人员面临的重要难题。由于高原环境气压低、氧气含量低，是导致急性高原病发生的直接原因，因此增加环境气压(简称“增压”)和增加环境氧浓度(简称“增氧”)是防治急性高原病的有效措施。针对行动基地用氧量大、保障人数相对稳定等特点，可采用集中制氧加分布式供氧的方式，通过管路将氧气输送至吸氧室、宿营房屋、办公场所等需氧空间，为行动基地救援人员以及受灾群众紧急医救提供制氧和供氧保障。

行动基地供氧保障能力需求如下：

(1)满足救援人员和救治群众的集中用氧需求，能够起到较好的防治急性高原病效果；

(2)氧气浓度处于安全范围内，空气组分满足人体生理学需求；

(3)空间弥散供氧应具备氧浓度实时监测、报警和自动调节功能；

(4)制氧、供氧的能耗与行动基地能源供应相匹配；

(5)动力系统、电气系统等部件设计满足高原高寒环境适应性要求。

6. 供暖保障

高原高寒地区气温低、昼夜温差大。寒冷与缺氧的综合作用，对救援人员身体健康构成更加严峻的威胁。为高原高寒地区救援人员提供供暖保障，是灾害现场生存保障的基本要求之一。

行动基地供暖保障能力需求如下：

(1)供暖空间温度满足救援人员的工作、生活需求和受伤群众应急救治需要；

(2)供暖保障方式或方法应具备安全风险管控措施，无火灾等风险隐患；

(3)供暖能耗与行动基地能源供应相匹配，能够尽量利用太阳能等多能源实施综合保障。

7. 餐食保障

餐食是救援人员从事救援工作身体能量的来源，是维持生存、身体健康和营养需求的基本条件。充足合理的餐食保障是行动基地生存保障的基本要求之一。

行动基地餐食保障能力需求如下：

(1)餐食品种和供应量满足行动基地救援人员和应急救治群众的能量和营养需求；

(2)餐食装备、烹制工艺、发酵方法等能够适应高原高寒环境；

(3)食品、食材储存保鲜能力符合行动基地自我保障时间的需求；

(4)具备食品应急检测能力，确保食品符合安全和卫生标准。

8. 供水保障

水是维持生命和日常生活不可或缺的资源。灾害发生后，城镇供水系统往往遭受破坏，地表水源也会受到污染，行动基地的饮用水和生活用水供应面临严峻挑战。立足自我保障维持充足、卫生的饮水和生活用水供应，是行动基地的重要保障需求。

行动基地供水保障能力需求如下：

(1)供水量和水质满足救援人员和应急救治受伤群众饮用、医用和生活用的基本要求；

(2)具备水质快速检测能力；

(3)具备地表水净化能力，适用高原高寒地区各种常见地表水；

(4)具有对水加热能力，水温满足饮用和使用需求；

(5)装备设计满足高原高寒环境适应性要求。

9. 气象参数实时监测

对气象进行实时监测，有利于科学制定保障措施，提前做好受灾群众和救援人员的健康保护。气象参数实时监测范围包括室内外温度、湿度、风向、风速、气压等气象要素。

行动基地气象参数实施检测能力需求如下：

(1)高原高寒环境下气象参数实施获取能力；

(2)气象信息的分析和传播能力。

10. 疫病快速检测

自然灾害发生后，由于水源和环境污染、饮食卫生难以保障、人员免疫力下降等原因，可能出现流行传染病。实现灾害现场疫病快速检测，是防止出现流行疫病次生事件、保证“大灾之后无大疫”的关键能力。

行动基地疫病快速检测能力需求如下：

(1)高原高寒条件下疫病快速检测与分析能力；

(2)与相关历史同类数据的快速比对能力。

11. 紧急救治

灾害现场的受伤民众，以及进入灾害现场出现急性高原反应、抢险救灾过程中受伤的救援人员，均需要及时进行医治，这是保障群众生命安全和维持救援力量的重要需求。

行动基地紧急救治能力需求如下：

(1)充足的医疗力量、应急医疗器材和药品，满足灾害现场受伤群众和救援人员紧急救治需求；

(2)具有应对急性高原病的医疗器材和药品，能够救治急性高原病；

(3)能够对重度受伤人员实施应急处置和紧急医疗转运；

(4)装备设计满足高原高寒环境适应性要求。

12. 通信保障

主要用于灾害现场复杂灾害条件下救援人员之间移动通信保障。

行动基地通信保障能力需求如下：

(1)采用移动卫星、无线电台及应急组网等融合通信方式；

(2)通信能力满足高原山地特殊环境要求；

(3)装备设计满足高原高寒环境适应性要求。

13. 照明保障

对于灾害现场救援来说，时间就是生命，搜救出的人员存活率随时间的消逝呈递减趋势。《INSARAG 国际搜索与救援指南》要求相应的救援队伍要具有每天 24 小时的持续救援能力。夜间照明是行动基地应急救援工作不间断开展的重要保障。

行动基地照明保障能力需求如下：

(1)照明设备具有可移动、可升降功能和充足的照度，可覆盖救援现场人员活动范围；

(2)照明设备节能性好，能源消耗与救援现场能源供应相匹配；

(3)装备设计满足安全性和高原高寒环境适应性要求。

14. 供油保障

自然灾害发生后，在城市供电系统遭受破坏的情况下，汽油、柴油等油料是行动基地维持救援能力和实施自主保障的主要能量来源，是实现生存保障的重要需求之一。

行动基地供油保障能力需求如下：

(1)汽油、柴油等油料品种、牌号和供应量满足行动基地需求；

(2)采取有效的防汽蚀措施，满足高原低气压环境的使用需求；

(3)保证油料储存、运输和加注安全。

15. 供电保障

行动基地制氧、制暖、宿营、餐食、医救等功能模块直接能量来源主要是电力，因此必须具备相应的供电保障能力，将其他能源转化为电能，以维持行动基地正常运行。

行动基地供电保障能力需求如下：

(1)具有标准化输出模块，能够为行动基地不同功能模块提供用电保障；

(2)充分利用高原地区太阳能、风能等清洁能源，尽量减小对供油保障的依赖；

(3)装备设计满足安全性和高原高寒环境适应性要求。

16. 垃圾处置

行动基地是救援人员进行指挥、日常休整、紧急医救等活动的场所，每天会产生大量生活垃圾、医疗垃圾或粪便。对行动基地各种垃圾进行有效处理，是保证救援人员卫生安全的必要措施。

行动基地垃圾处置能力需求如下：

(1)具备生活垃圾、医疗垃圾和粪便一体化处置能力；

(2)垃圾处置效果和处置过程、污染物排放符合国家标准要求；

(3)垃圾处置能力与行动基地规模相匹配；

(4)装备设计满足安全性和高原高寒环境适应性要求。

17. 防疫洗消

救援人员及车辆从救援现场返回行动基地时，容易将外界病原体带入行动基地。因此在基地入口处设置必要措施对救援人员、车辆及其他装备进行防疫洗消，是保障行动基地公共卫生安全的基本要求之一。

行动基地防疫洗消能力需求如下：

(1)能够对车辆、人员及其他救援装备进行全面洗消；

(2)洗消药剂适用高原高寒环境，洗消效果满足国家标准，能够低温储存；

(3)喷雾装置压力满足高原低气压环境使用要求；

(4)装备设计满足安全性和高原高寒环境适应性要求。

行动基地生存保障能力需求见表5-1。

表5-1　行动基地生存保障能力需求

	任务分解	保障能力需求
行动基地生存保障能力需求	易感人员快速筛查	①对救援人员进行快速筛查，对于存在急性高原病风险人员警报提示； ②对救援人员的身体健康信息进行储存记录，并能够根据救援进程进行动态对比。
	灾情获取与保障决策	①灾情快速获取和整理收集能力； ②与历史同类或同区域灾情的比对分析能力； ③保障方案快速制定能力。
	气象参数实时监测	①高原高寒环境下气象参数实施获取能力； ②气象信息的分析和传播能力。
	情景模拟与装备选配	①灾情演变演化的推理预测能力； ②典型高原高寒生存保障装备及性能的统计查询能力； ③智能化应急救援和生存保障装备配置方案提供能力。

表 5 –1(续 1)

	任务分解	保障能力需求
	疫病快速检测	①高原高寒条件下疫病快速检测与分析能力; ②与相关历史同类数据的快速比对能力。
	住宿保障	①满足行动基地救援人员住宿、工作和受伤群众紧急医治的需求; ②能够快速部署,易于搭建、维护、收撤,体力和时间消耗较少; ③住宿装备运输投送需求与灾害现场运输投送能力相匹配; ④具有较好的气密性和水密性,能够有效防止风沙、雨雪对居住人员的影响; ⑤寒冷条件下住宿装备具有良好的保暖性能和供暖保障能力; ⑥高海拔地区的宿营空间应具备供氧保障能力。
	供氧保障	①满足救援人员和救治群众的集中用氧需求,能够起到较好的防治急性高原病效果; ②氧气浓度处于安全范围内,空气组分满足人体生理学需求; ③空间弥散供氧应具备氧浓度实时监测、报警和自动调节功能; ④制氧、供氧的能耗与行动基地能源供应相匹配; ⑤动力系统、电气系统等部件设计满足高原高寒环境适应性要求。
	供暖保障	①供暖空间温度满足救援人员的工作和生活需求和受伤群众应急救治需要; ②供暖保障方式或方法应具备安全风险管控措施,无火灾等风险隐患; ③供暖能耗与行动基地能源供应相匹配,能够尽量利用太阳能等多能源实施综合保障。
	餐食保障	①餐食品种和供应量满足行动基地救援人员和应急救治群众的能量和营养需求; ②餐食装备、烹制工艺、发酵方法等能够适应高原高寒环境; ③食品、食材储存保鲜能力符合行动基地自我保障时间的需求; ④具备食品应急检测能力,确保食品符合安全和卫生标准。
	供水保障	①供水量和水质满足救援人员和应急救治受伤群众饮用、医用和生活用的基本要求; ②具备水质快速检测能力; ③具备地表水净化能力,适用高原高寒地区常见各种地表水; ④具有对水加热能力,水温满足饮用和使用需求; ⑤装备设计满足高原高寒环境适应性要求。

表5-1(续2)

	任务分解	保障能力需求
	紧急救治	①充足的医疗力量、应急医疗器材和药品,满足灾害现场受伤群众和救援人员紧急救治需求; ②具有应对急性高原病的医疗器材和药品,能够救治急性高原病; ③能够对重度受伤人员实施应急处置和紧急医疗转运; ④装备设计满足高原高寒环境适应性要求。
	通信保障	①采用移动卫星、无线电台及应急组网等融合通信方式; ②通信能力满足高原山地特殊环境要求; ③装备设计满足高原高寒环境适应性要求。
	照明保障	①照明设备具有可移动、可升降功能和充足的照度,覆盖救援现场人员活动范围; ②照明设备节能性好,能源消耗与救援现场能源供应相匹配; ③装备设计满足安全性和高原高寒环境适应性要求。
	供油保障	①汽油、柴油等油料品种、牌号和供应量满足行动基地需求; ②采取有效的防汽蚀措施,满足高原低气压环境的使用需求; ③保证油料储存、运输和加注安全。
	供电保障	①具有标准化输出模块,能够为行动基地不同功能模块提供用电保障; ②充分利用高原地区太阳能、风能等清洁能源,尽量减小对供油保障的依赖; ③装备设计满足安全性和高原高寒环境适应性要求。
	垃圾处置	①具备生活垃圾、医疗垃圾和粪便一体化处置能力; ②垃圾处置效果和处置过程污染物排放符合国家标准要求; ③垃圾处置能力与行动基地规模相匹配; ④装备设计满足安全性和高原高寒环境适应性要求。
	防疫洗消	①能够对车辆、人员及其他救援装备进行全面洗消; ②洗消药剂适用高原高寒环境,洗消效果满足国家标准,能够低温储存; ③喷雾装置压力满足高原低气压环境使用要求; ④装备设计满足安全性和高原高寒环境适应性要求。

5.2.2 集中/过渡性安置现场生存保障能力分析

集中/过渡性安置现场是为受灾群众提供集中基本生活保障的场所,其主要生存保障任务是为灾民提供住宿保障、供暖保障、餐食保障、供水保障、通信保障、供油保障、供电保障，以及基本医疗、垃圾处置、防疫洗消等保障。由于集中/过渡性安置现场与行动基地一样，都侧重群体保障，因此其各项生存保障任务的能力需求也与行动基地基本一致，但是在保障对象及具体需求有所差别，如表5－2所示。

表5－2　集中/过渡性安置现场生存保障能力需求

	任务分解	保障能力需求
集中/过渡性安置现场生存保障能力需求	住宿保障	①满足集中/过渡性安置现场受灾群众的住宿需求； ②能够快速部署，易于搭建、维护、收撤，体力和时间消耗较少； ③住宿装备运输投送需求与灾害现场运输投送能力相匹配； ④具有较好的气密性和水密性，能够有效防止风沙、雨雪对居住人员的影响； ⑤寒冷条件下住宿装备具有良好的保暖性能和供暖保障能力。
	供暖保障	①供暖空间温度满足受灾群众基本生活需求； ②供暖保障方式或方法应具备安全风险管控措施，无火灾等风险隐患； ③供暖能耗与集中/过渡性安置现场能源供应相匹配，能够尽量利用太阳能等多能源实施综合保障。
	餐食保障	①餐食品种和供应量满足受灾群众的基本需求； ②餐食装备、烹制工艺、发酵方法等能够适应高原高寒环境； ③餐食供应符合安全和卫生标准。
	供水保障	①供水量和水质满足受灾群众饮用、医用和生活用的基本要求； ②具备地表水净化能力，适用高原高寒地区常见各种地表水，或具有满足集中/过渡性安置现场需求的饮水和生活用水输送能力； ③具有对水加热能力，水温满足饮用和使用需求； ④装备设计满足高原高寒环境适应性要求。
	通信保障	①通信能力、带宽性能满足受灾群众基本生活需求； ②装备设计满足高原高寒环境适应性要求。
	照明保障	①照明设备性能满足受灾群众基本生活需求； ②照明设备节能性好，能源消耗与救援现场能源供应相匹配； ③装备设计满足安全性和高原高寒环境适应性要求。
	供油保障	①汽油、柴油等油料品种、牌号和供应量满足集中/过渡性安置现场需求； ②采取有效的防汽蚀措施，满足高原低气压环境的使用需求； ③保证油料储存、运输和加注安全。

表5-2(续)

	任务分解	保障能力需求
集中/过渡性安置现场生存保障能力需求	供电保障	①具有标准化输出模块,能够为集中/过渡性安置现场不同功能模块提供用电保障; ②充分利用高原地区太阳能、风能等清洁能源,尽量减小对供油保障的依赖; ③装备设计满足安全性和高原高寒环境适应性要求。
	基本医疗	①满足受灾群众日常基本医疗需求和药品供应; ②具备重症疾病患者诊断、应急处理和快速后送能力。
	垃圾处置	①具备生活垃圾、医疗垃圾和粪便一体化处置能力; ②垃圾处置效果和处置过程污染物排放符合国家标准要求; ③垃圾处置能力与集中/过渡性安置现场规模相匹配; ④装备设计满足安全性和高原高寒环境适应性要求。
	防疫洗消	①能够对人员和环境进行全面洗消; ②洗消药剂适用高原高寒环境,洗消效果满足国家标准,能够低温储存; ③喷雾装置压力满足高原低气压环境使用要求; ④装备设计满足安全性和高原高寒环境适应性要求。

5.2.3　抢险救灾现场生存保障能力分析

抢险救灾现场是实施生命搜救和抢险处置的前线,其生存保障与抢险救灾行动密切相关。从保障对象看,既包括被埋压或受伤并且尚未转移出去的受灾群众,也包括现场救援人员;从保障模式看,主要以个体保障为主,较少实施群体保障。

1. 紧急救治

抢险救灾现场的紧急医疗救治,主要对因灾害受伤群众、解救出的埋压人员以及在救援过程中受伤的救援人员采取现场应急处理措施,保障其安全抵达行动基地或其他医疗救治点。

抢险救灾现场紧急救治能力需求如下:

(1)具有对受伤人员现场应急处理能力,使其达到转移或转运要求;

(2)转运装备具备必要的医疗和生命保护能力,设备配备满足国家标准;

(3)转运装备设计满足高原高寒环境适应性要求。

2. 疫病快速检测

抢险救灾现场疫病快速检测能力需求与行动基地疫病快速检测能力需求基本一致。

3. 防疫洗消

抢险救灾现场防疫洗消能力需求与行动基地防疫洗消能力需求类似,但抢险救灾现场防疫洗消更注重对环境的洗消,防止环境污染与动物尸体传播疾病。

抢险救灾现场防疫洗消能力需求如下:

(1)能够对现场环境进行全面洗消;

(2)洗消药剂适用高原高寒环境,洗消效果满足国家标准,能够低温储存;

(3)喷雾装置压力满足高原低气压环境使用要求;

(4)装备设计满足安全性和高原高寒环境适应性要求。

4. 餐食保障

抢险救灾现场餐食保障主要满足救援人员个体执行任务中的饮食需要。由于现场救援作业任务紧迫,一般也不具备进行食品加工的条件,现场餐食保障一般要满足快速、便捷、即食等要求。为了保证救援人员体能恢复和身体健康,现场餐食保障需要进一步加大营养供给能力,构建营养丰富、品种齐全、功能配套的现场食品体系,实现由“温饱型”向“营养型”的转变。

抢险救灾现场餐食保障能力需求如下:

(1)餐食供应量与营养供给满足救援人员现场作业需求;

(2)餐食无须经过复杂加工即可食用;

(3)餐食通过合理的保温或方便的加热措施保证适宜的食用温度;

(4)餐食卫生符合国家标准。

5. 供水保障

抢险救灾现场供水保障主要是为现场救援人员或受受灾群众提供饮用水和少量的清洁用水。现场供水保障通常以个体或集体携带为主,通过采取相应的加热或保温措施保持适宜的饮用和使用温度。

抢险救灾现场供水保障能力需求如下:

(1)供水量和水质满足现场救援人员、受灾群众的饮用和清洁使用的基本要求;

(2)供水量与人员携行能力相匹配;

(3)具备加热或保温能力,保持适宜的饮用或使用温度;

(4)供水设备设计满足高原高寒环境适应性要求。

6. 供氧保障

救援人员在抢险救灾现场出现急性高原反应症状,通过及时吸氧可以有效缓解,维持救援能力,保障健康安全。对于受到埋压或挤压的受伤群众,根据需要科学供应氧气对实施救治具有重要作用。现场供氧一般采用便携式制氧机或氧气瓶供应,较少使用复杂供氧设备。

抢险救灾现场供氧保障能力需求如下:

(1)供氧量和氧气浓度满足救援人员、受伤群众需求;

(2)供氧设备便于携带,与人员携行能力相匹配;

(3)供氧设备设计满足高原高寒环境适应性要求。

7. 保暖保障

抢险救灾现场保暖主要是个体保暖,通过采取必要的保暖措施避免人员冻伤,维持救援人员体力和救援能力。

抢险救灾现场保暖保障能力需求如下:

(1)能够保持人体躯干、四肢和手脚适宜的体表温度;

(2)尽量减少救援人员的身体负荷,不影响救援作业;

(3)具有较强的防紫外线功能,防止皮肤伤害。

8. 通信保障

在抢险救灾现场,通信是实施救援的必备条件之一。现场通信主要是满足个体通信需求,保持救援人员之间以及与行动基地或外部沟通联络。

抢险救灾现场通信保障能力需求如下:

(1)具备语音、数据和图像传输能力;

(2)通信距离满足现场救援需求;

(3)通信设备便于携带,与人员携行能力相匹配;

(4)通信设备设计满足高原高寒环境适应性要求。

9. 救援防护

在救援过程中实施有效防护,是避免救援人员受到伤害或感染疾病的必要措施,对保障救援人员生命安全和健康意义重大。救援防护包括针对机械损伤的防护、针对危险化学品的防护、针对传染疾病的防护以及针对其他危险源的特种防护等。

抢险救灾现场救援防护能力需求如下:

(1)针对现场各种潜在危险源能够提供有效防护;

(2)装备设计兼顾救援人员保暖需求;

(3)尽量减少救援人员的身体负荷,不影响救援作业。

抢险救灾现场生存保障能力需求见表5-3。

表5-3　抢险救灾现场生存保障能力需求

	任务分解	保障能力需求
抢险救灾现场生存保障能力需求	紧急救治	①具有对受伤人员现场应急处理能力,使其达到转移或转运要求; ②转运装备具备必要的医疗和生命保护能力,设备配备满足国家标准; ③转运装备设计满足高原高寒环境适应性要求。
	疫病快速检测	①高原高寒条件下疫病快速检测与分析能力; ②与相关历史同类数据的快速比对能力。
	防疫洗消	①能够对现场环境进行全面洗消; ②洗消药剂适用高原高寒环境,洗消效果满足国家标准,能够低温储存; ③喷雾装置压力满足高原低气压环境使用要求; ④装备设计满足安全性和高原高寒环境适应性要求。
	餐食保障	①餐食供应量与营养供给满足救援人员现场作业需求; ②餐食无须经过复杂加工即可食用; ③餐食通过合理的保温或方便的加热措施保证适宜的食用温度; ④餐食卫生符合国家标准。

表 5－3(续)

	任务分解	保障能力需求
抢险救灾现场生存保障能力需求	供水保障	①供水量和水质满足现场救援人员和受灾群众的饮用和清洁使用的基本要求; ②供水量与人员携行能力相匹配; ③具备加热或保温能力,保持适宜的饮用或使用温度; ④供水设备设计满足高原高寒环境适应性要求。
	供氧保障	①供氧量和氧气浓度满足救援人员和受伤群众需求; ②供氧设备便于携带,与人员携行能力相匹配; ③供氧设备设计满足高原高寒环境适应性要求。
	保暖保障	①能够保持人体躯干、四肢和手脚适宜的体表温度; ②尽量减少救援人员的身体负荷,不影响救援作业; ③具有较强的防紫外线功能,防止皮肤伤害。
	通信保障	①具备语音、数据和图像传输能力; ②通信距离满足现场救援需求; ③通信设备便于携带,与人员携行能力相匹配; ④通信设备设计满足高原高寒环境适应性要求。
	救援防护	①针对现场各种潜在危险源能够提供有效防护; ②装备设计兼顾救援人员保暖需求; ③尽量减少救援人员的身体负荷,不影响救援作业。

5.3 高原高寒地区灾害现场生存保障能力需求指标优化与聚合

通过上述对高原高寒地区灾害救援行动基地、集中/过渡性安置现场和抢险救灾现场生存保障能力需求的分析,可以看出,行动基地生存保障能力涵盖了集中/过渡性安置现场和抢险救灾现场生存保障能力,只是具体能力需求有所差异。因此,将行动基地生存保障能力、集中/过渡性安置现场生存保障能力、抢险救灾现场生存保障能力需求指标进行优化和聚合,共梳理归纳 3 大类别、14 项生存保障能力,如图 5－2 所示。

(1)基本生存保障能力 5 项:住宿保障、餐食保障、供水保障、供暖保障和供氧保障能力;

(2)医护卫生保障能力 4 项:紧急医救、检测监测、防疫洗消和垃圾处置能力;

(3)重点辅助保障能力 5 项:供电保障、供油保障、安全防护、照明保障和通信保障能力。

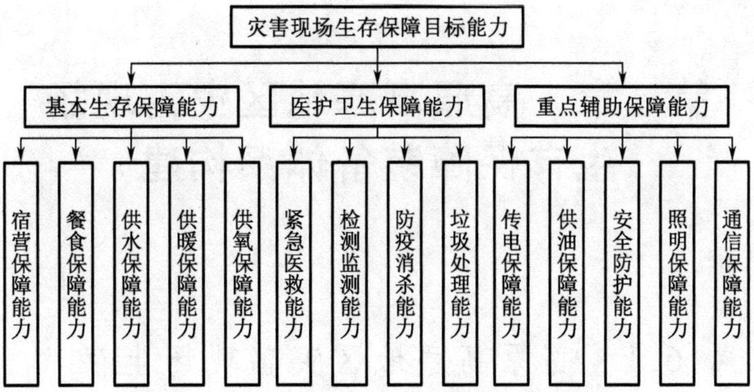

图 5－2　高原高寒地区灾害现场生存保障目标能力

第6章 高原高寒地区灾害现场生存保障装备体系构建

6.1 高原高寒地区灾害现场生存保障装备需求分析思路

分析“核心任务”的目的是要解决“应该做什么”的问题，分析“目标能力”的目的是要解决“做到这些需要什么样的条件”的问题，而装备体系则是要解决“如何才能确保做到”“应当达到什么效果”的问题。

在装备体系构建时，应充分考虑当前应急救援的组织实施模式、典型灾害场景和各类保障对象，确保装备体系能够覆盖不同救援任务、不同救援对象的保障需求。例如，行动基地生存保障属于群体保障，基地的展开和撤收频繁，时间消耗必须较短，因此行动基地应主要采取机动伴随保障的形式，以方舱车、厢式车、挂车等为载体，将上装车载式生存保障功能模块与越野机动平台相结合，形成一体化机动式伴随保障系统。集中/过渡性安置现场保障对象为受灾群众，保障规模较大，机动性要求不强，生存保障装备可采用机动式或半固定方式，以集中保障为主。抢险救灾现场主要是针对救援人员或受灾群众个体实施保障，且现场道路交通环境复杂，大型机动装备难以抵达，因此要以携行保障为主。

6.2 高原高寒地区灾害现场生存保障装备需求分析

6.2.1 装备高原高寒环境适应性技术要求

1. 动力性能技术要求

高原高寒地区由于气温低、气压低、氧气含量低，对装备动力系统具有较大影响，会导致装备动力效能显著下降、启动困难，这是高原高寒地区生存保障装备面临的共性难题。为了保证装备功能发挥，高原高寒地区生存保障装备内燃动力系统应优选适用于高原环境的增压型内燃机，并有足够的功率和转矩储备。不同高原环境条件下，在不调整燃油量的情况下正常工作，与标准环境条件相比，内燃动力系统的标定功率、燃油消耗率、排气温度、增压器转速等变化应在国家标准限值范围内。为提升装备冷启动性能，内燃动力系统应按国家标准配备相应的启动辅助装置（如 PTC 进气预热装置、火焰进气预热装置、低温蓄电池、液体加热装置等）。

2. 电气性能要求

高原高寒地区气压低、气温低、温差大、空气干燥、太阳辐射强等特点，对电工电子产品性能产生较大影响。高原高寒环境空气介电强度、空气冷却效应以及弧隙空气介质恢复强度低，产品空气绝缘耐压降低。空气密度下降，不仅导致电气元件的绝缘性能下降，而且导致空气流动性差，这对电气元件的散热非常不利，造成电气元件温度升高，易烧毁。低温、大温差会造成产品绝缘老化、变形、保护层脱落。强紫外线辐射使有机绝缘材料加速老化，使空气易于电离而导致外绝缘强度降低。为保证装备电气性能，电气系统设计应满足以下技术要求。首先，绝缘介电强度应按绝缘配合等相关要求，结合产品的绝缘方式，根据海拔高度使用一定的修正系数确定。其次电气系统使用的材料应具有较强的抗热辐射、抗紫外线能力，选用抗寒能力强、结构性能稳定的材料。

3. 液压气动系统技术要求

高原高寒特殊环境对装备液压气动系统性能也会产生较大影响。为维持装备性能和可靠性，液压系统的工作压力应满足高原环境条件下系统正常工作的要求；液压系统热平衡计算应考虑高原环境条件的影响，必要时应采取强制冷却措施；液压油泵应采取措施，消除低气压引起的液压油泵容积效率下降的影响；液压油箱应采用防止沙尘和水进入的措施；液压油管应选用抗紫外线和耐寒性能强的材料；气压系统应采取技术措施在海拔增高时达到额定气压所需时间与进气减小量符合国家标准。

4. 燃烧系统技术要求

餐食加工装备、饮水加热装备、垃圾焚烧装备等生存保障装备都有燃烧系统。因高原高寒环境对燃烧过程有较大影响，为保持装备效能，燃烧系统应采取技术措施使燃烧效率和热效率符合标准要求，点火系统应能在低温条件下可靠点燃。

6.2.2　住宿保障装备

高原高寒地区住宿保障装备包括高原型住宿方舱、宿营车、移动式集成房屋、快速装配式房屋、单帐篷、棉帐篷、充气帐篷、个体帐篷，以及床、睡袋等营具。

高原型住宿方舱、宿营车、移动式集成房屋、快速装配式房屋等住宿保障装备具有密封良好、住用舒适等特点，在特殊环境救灾应急中的应用逐渐增多。高原高寒地区此类装备技术要求如下：

（1）快速搭建。通过合理的机构设计实现快速展开与搭建，时间消耗和作业人员体力消耗较少，满足高原高寒环境救灾应急需求。

（2）高效保暖。装备自身应具备良好的保暖性能，采用高性能隔热保温材料及密封构件，配合供暖设备，维持室内空间适宜温度。

（3）机动性强。装备能够通过折叠、集装、集成等方式满足装载运输要求，可使用通用运输工具运输，具有较强的机动运输性能，能实现快速部署、快速抵达。

（4）适应环境。装备设计应满足高原高寒环境适应性要求，装备使用的橡胶件应避免过快老化，油漆涂层具有较强的抗紫外线性能，能够通过机械方式实现的功能尽量避免采用液压或气动类设备。

除以上技术要求外，对于特殊用途的此类住宿装备，例如急进高原救援人员住宿保障装备、医疗使用住宿装备等，还应集成供氧系统，满足人员用氧需求。

单帐篷、棉帐篷、充气帐篷、个体帐篷等各类帐篷作为应用最普遍的传统住宿保障装备，具有成本低廉、操作简便、便于运输等不可替代的优势。在高原高寒地区，帐篷装备的技术要求如下；

(1)结构稳固。高原强风天气较多，帐篷应该具有稳固的结构和充分固定的措施，具备较强的抵御强风能力。

(2)高效保暖。帐篷材料与结构设计应具有良好的保暖性能，配合供暖设备，满足在高寒环境中的人员住用需求。

(3)密封性好。帐篷应具有良好的密封性能，在降雨强度较大条件下不能出现漏雨现象。

(4)便于携带。帐篷体积、质量满足运输和携带要求。

高原高寒地区住宿保障装备如表 6－1 所示。

表 6－1　高原高寒地区住宿保障装备

目标能力	装备名称	主要保障对象	主要应用场景
住宿保障能力	高原型住宿方舱	救援人员	行动基地
	高原型宿营车	救援人员	行动基地
	移动式集成房屋	救援人员/受灾群众	行动基地/安置现场
	快速装配式房屋	受灾群众	安置现场
	单帐篷	救援人员/受灾群众	行动基地/安置现场
	棉帐篷	救援人员/受灾群众	行动基地/安置现场
	充气帐篷	救援人员/受灾群众	行动基地/安置现场
	个体帐篷	救援人员	抢险救灾现场
	个体睡袋	救援人员	行动基地/抢险救灾现场
	卧具	救援人员/受灾群众	行动基地/安置现场
	被褥	救援人员/受灾群众	行动基地/安置现场

6.2.3　餐食保障装备

高原高寒地区餐食保障装备包括高原型移动厨房、餐食加工车、面包加工车、热食前送车等集中保障装备，分队餐厨器材等小型群体保障装备，以及餐具、速热食品等个体保障装备。

高原高寒地区餐食保障装备技术要求如下：

(1)在高原低氧、低气压环境下保持较高的燃烧效率，烟气排放符合国家环保标准。

(2)蒸煮设备应采取高压密封等技术措施消除环境低气压对水的沸点的影响；

(3)主食加工设备应采取技术措施保证高原高寒环境中面品发酵；

(4)热食前送设备具有良好的保温性能；

高原高寒地区餐食保障装备如表 6－2 所示。

表 6 – 2　高原高寒地区餐食保障装备

目标能力	装备名称	保障对象	主要应用场景
餐食保障能力	高原型移动厨房/餐食加工车	救援人员/受灾群众	行动基地/安置现场/抢险救援现场
	高原型面包加工车	救援人员/受灾群众	行动基地/安置现场/抢险救援现场
	热食前送车	救援人员/受灾群众	行动基地/安置现场/抢险救援现场
	分队用餐厨器材	救援人员	行动基地/抢险救援现场
	个体餐具	救援人员	行动基地/抢险救援现场
	自热即食或即食食品	救援人员/受灾群众	行动基地/安置现场/抢险救援现场
	食品安全快速检测箱	救援人员/受灾群众	行动基地/安置现场

6.2.4　供氧保障装备

高原高寒地区供氧保障装备可分为集中式供氧保障装备和便携式供氧保障装备两类。集中式供氧保障装备主要用于行动基地，包括可移动制氧站、高原制氧车、供氧终端系统等。便携式供氧保障装备主要用于抢险救灾现场，包括小型制氧机、便携式氧气瓶等。

集中式供氧保障装备技术要求如下：

(1)产氧量和氧气浓度满足行动基地宿营、医用和办公用氧需求；

(2)供氧终端可采用分布式供氧、弥散供氧、氧气灌装等相结合的方式，满足不同用氧需求；

(3)装备具有良好的机动性能，展开、撤收方便；

(4)装备设计满足高原高寒环境适应性要求，具备良好的低温启动性能；

(5)不依赖外部动力源，可实现自我保障。

便携式供氧保障装备技术要求如下：

(1)产氧量和氧气浓度满足保障对象使用需求；

(2)质量小、体积小、能耗低，便于携带；

(3)电池续航能力满足使用需求；

(4)装备设计满足高原高寒环境适应性要求。

高原高寒地区供氧保障装备见表 6 – 3。

表 6 – 3　高原高寒地区供氧保障装备

目标能力	装备名称	主要保障对象	主要应用场景
供氧保障能力	可移动集中制氧站	救援人员/受灾群众	行动基地
	供氧终端系统	救援人员/受灾群众	行动基地
	高原制氧车	救援人员/受灾群众	行动基地
	箱组式小型制氧	救援人员	行动基地/抢险救灾现场
	小型移动制氧机	救援人员	行动基地/抢险救灾现场

表 6-3(续)

目标能力	装备名称	主要保障对象	主要应用场景
供氧保障能力	小型车载制氧机	救援人员	抢险救灾现场
	小型压氧机	救援人员	抢险救灾现场
	个体液氧供氧器	救援人员	抢险救灾现场
	个体 PSA 制氧机	救援人员	抢险救灾现场
	个体膜分离制氧机	救援人员	抢险救灾现场
	个体加压增氧呼吸器	救援人员	抢险救灾现场

6.2.5 供暖保障装备

高原高寒地区供暖保障装备包括室内空间供暖保障装备和个体保暖装备两大类。

室内空间供暖保障装备包括综合供暖系统、电热供暖系统、高原暖风机等,其技术要求如下:

(1)室内环境温度满足人体生理学需求;

(2)制暖设备应具有较高效率,或采用多能源互补方式降低能源消耗;

(3)装备设计满足高原高寒环境适应性要求。

个体保暖装备主要用于对于独立执行任务的个体供暖保障,主要通过穿戴符合要求的被服、鞋靴、帽子和手套等,防止手、足、耳、面部等冻伤多发部位受到损伤,其技术要求如下:

(1)维持体表温度满足救援人员或受灾群众生理学需求;

(2)救援人员保暖装备要兼顾保暖与轻便,不能干扰作业实施;

(3)透气与舒适性能满足使用人员需求。

高原高寒地区供暖保障装备如表 6-4 所示。

表 6-4 高原高寒地区供暖保障装备

能力需求	装备名称	保障对象	应用场景
供暖保障能力	综合制供暖系统	救援人员/受灾群众	行动基地/安置现场
	太阳能供暖系统	救援人员/受灾群众	行动基地/安置现场
	电热供暖系统	救援人员/受灾群众	行动基地/安置现场
	高原暖风机	救援人员/受灾群众	行动基地/安置现场
	小型室内电热器	受灾群众	安置现场
	防寒作业服	救援人员	行动基地抢险救援现场
	保暖棉衣	救援人员/受灾群众	行动基地/安置现场/抢险救灾现场
	防寒靴	救援人员/受灾群众	行动基地/安置现场/抢险救灾现场
	保暖配饰	救援人员/受灾群众	行动基地/安置现场/抢险救灾现场

6.2.6　供水保障装备

高原高寒地区供水保障装备主要分为地表水净化装备、输水送水装备，以及水质检测装备三类。其中地表水净化装备包括各类净水车、小型净水器和个体净水器等，是供水保障装备中技术难度最大的装备，其技术要求如下：

(1)出水量和水质满足保障对象用水需求；

(2)净化膜耐低温性能好，保证低温环境下的膜通量、净化效果和使用寿命；

(3)设备和管路具有良好的保温加热性能和防冰凌措施，避免冰冻和设备损坏；

(4)特殊条件下装备应具备凿冰取水、融化冰雪等功能；

(5)饮用水能加热至适宜温度。

高原高寒地区供水保障装备如表6－5所示。

表6－5　高原高寒地区供水保障装备

目标能力	装备名称	主要保障对象	主要应用场景
供水保障能力	高原型净水方舱/车	救援人员/受灾群众	行动基地/安置现场
	送水车	救援人员/受灾群众	行动基地/安置现场
	贮水罐	救援人员/受灾群众	行动基地/安置现场
	便携式电热水器	救援人员/受灾群众	行动基地/安置现场/抢险救援现场
	小型净水器	救援人员/受灾群众	行动基地/安置现场/抢险救援现场
	个体饮具	救援人员/受灾群众	行动基地/安置现场/抢险救援现场
	车载式应急净水设备	救援人员/受灾群众	行动基地/安置现场/抢险救援现场
	个体净水器	救援人员	行动基地/抢险救援现场
	水质快速检测仪	救援人员/受灾群众	行动基地/安置现场

6.2.7　供电保障装备

高原高寒地区供电保障装备主要包括应急发电装备和便携式电源两大类，其技术要求如下：

(1)发电设备功率、输出电压、电量满足保障对象使用需求；

(2)输出电压波动小，必要时采用专门稳压技术；

(3)尽量采用多能源互补供电技术，减少燃油消耗；

(4)装备设计满足高原高寒环境适应性要求。

高原高寒地区供电保障装备如表6－6所示。

表6－6　高原高寒地区供电保障装备

目标能力	装备名称	主要保障对象	主要应用场景
供电保障能力	移动式应急供电站	救援人员/受灾群众	行动基地/安置现场/抢险救援现场
	应急发电车	救援人员/受灾群众	行动基地/安置现场/抢险救援现场
	便携式发电站	救援人员/受灾群众	行动基地/安置现场/抢险救援现场
	便携式电源	救援人员	行动基地/安置现场/抢险救援现场

6.2.8　供油保障装备

高原高寒地区供油保障装备主要包括应急供油方舱/车等大型装备，以及油桶/油囊、手动/电动加油装置等小型器材。由于受高海拔低气压影响，泵的吸入性能和效率下降明显，影响了油料的泵送能力，可能出现抽油困难或汽蚀现象。低温环境对用油装备使用的油品牌号及性能要求严格，需要供油装备具有相应油品的保障能力。

高原高寒地区供油保障装备主要技术要求如下：

(1)供应油品牌号和供应量满足高原高寒环境保障对象使用需求；

(2)油泵应采取必要的技术措施，避免高原低气压带来的自吸高度下降和汽蚀现象。

(3)油料运输、加注过程中应有必要的安全保障措施；

(4)装备设计满足高原高寒地区环境适应性要求。

高原高寒地区供油保障装备如表6－7所示。

表6－7　高原高寒地区供油保障装备

目标能力	装备名称	主要保障对象	主要应用场景
供油保障能力	应急供油方舱/车	救援人员/受灾群众	行动基地/安置现场/抢险救援现场
	油罐/油囊	救援人员/受灾群众	行动基地/安置现场/抢险救援现场
	手动/电动加油装置	救援人员/受灾群众	行动基地/安置现场/抢险救援现场

6.2.9　通信保障装备

高原高寒地区通信保障装备主要包括卫星通信装备、无线电台装备、移动网络通信装备等。高原高寒地区一般地形比较复杂、地表起伏较大，影响装备通信距离和通信效果，通信保障装备应满足以下技术要求：

(1)通信能力和带宽满足保障对象使用需求；

(2)通过有效的技术措施或裕量设计，满足高原山地特殊环境要求；

(3)装备设计满足高原高寒环境适应性要求。

高原高寒地区通信保障装备如表6－8所示。

表6-8　高原高寒地区通信保障装备

目标能力	装备名称	主要保障对象	主要应用场景
通信保障能力	移动通信车	救援人员/受灾群众	行动基地/安置现场/抢险救援现场
	车载卫星通信系统	救援人员	行动基地/抢险救援现场
	便携式卫星通信	救援人员	行动基地/抢险救援现场
	手持卫星电话	救援人员	行动基地/抢险救援现场
	基地短波电台	救援人员	行动基地/抢险救援现场
	车载短波电台	救援人员	行动基地/抢险救援现场
	手持对讲机	救援人员	行动基地/安置现场/抢险救援现场
	移动视频通信系统	救援人员	行动基地/抢险救援现场

6.2.10　照明保障装备

高原高寒地区照明保障装备主要包括为救援作业提供照明保障的高强度照度保障装备和为救援人员、受灾群众日常生活提供照明保障的装备。其主要技术要求如下：

(1)持续照明时间、亮度、光照覆盖范围满足保障对象使用需求；

(2)保障救援作业的移动式应急照明装备自身应具备供电模块，不依赖外部供电；

(3)具有较高能量转换效率，电能消耗低；

(4)装备设计满足高原高寒环境适应性要求。

高原高寒地区照明保障装备如表6-9所示。

表6-9　高原高寒地区照明保障装备

目标能力	装备名称	主要保障对象	主要应用场景
照明保障能力	室内应急灯	救援人员/受灾群众	行动基地/安置现场/抢险救援现场
	气动升降照明灯组	救援人员/受灾群众	行动基地/安置现场/抢险救援现场
	月球灯	救援人员/受灾群众	行动基地/安置现场/抢险救援现场
	警示照明灯	救援人员/受灾群众	行动基地/安置现场/抢险救援现场

6.2.11　紧急救治装备

高原高寒地区紧急救治装备主要用于救治自然灾害导致的受灾群众外伤、冻伤、心理疾病，以及应急救援人员常见的急性高原病、雪盲、皮肤灼伤等特殊环境疾病。高原高寒地区紧急救治装备主要技术要求如下：

(1)疾病救治能力满足保障对象需求；

(2)车辆装备具有较高的机动性能和动力效能，满足高原高寒地区使用需求；

(3)精密仪器设备采取必要技术手段，避免在高原高寒环境中失效或损坏；

(4)人员转运装备具备较高的保暖和增压增氧能力；

(5)装备设计满足其他高原高寒环境适应性要求。

高原高寒地区紧急救治装备如表6－10所示。

表6－10 高原高寒地区紧急救治装备

目标能力	装备名称	主要保障对象	主要应用场景
紧急救治能力	可移动高压氧舱	救援人员/受灾群众	行动基地
	方舱医院	救援人员/受灾群众	行动基地/安置现场
	移动生物安全实验室	受灾群众/救援人员	行动基地/安置现场
	高压氧舱车	救援人员/受灾群众	行动基地/安置现场
	个体增压头盔	救援人员	抢险救灾现场
	个体急救箱	救援人员	行动基地/抢险救灾现场
	高原救护车	救援人员/受灾群众	行动基地/安置现场/抢险救援现场

6.2.12 防疫洗消装备

高原高寒地区防疫洗消装备主要用于对人员、装备和环境进行洗消，防止各类病原体、有毒有害物质对人体造成疾病或损伤。防疫洗消装备使用各种喷洒装置，在高原高寒环境中容易产生冰冻或效率下降现象，需要采取专门的技术措施避免。其主要技术要求如下：

(1)根据应用场景，对病原体或有毒化学物质洗消效果符合国家标准；

(2)喷洒装置采取有效技术措施，保证在高原高寒环境中喷洒效果，避免发生冰冻；

(3)洗消剂满足低温储存要求；

(4)人员洗消应有加热装置，保证适宜水温；

(5)装备设计满足其他高原高寒环境适应性要求。

高原高寒地区防疫洗消装备如表6－11所示。

表6－11 高原高寒地区防疫洗消装备

目标能力	装备名称	主要保障对象	主要应用场景
防疫洗消能力	卫生洗消站	救援人员	行动基地
	淋浴室	救援人员/受灾群众	行动基地/安置现场
	高原卫生防疫车	救援人员/受灾群众	行动基地/安置现场/抢险救援现场
	个人卫生防护装备	救援人员/受灾群众	行动基地/安置现场/抢险救援现场
	动物疫病快速检测仪	救援人员/受灾群众	行动基地/安置现场/抢险救援现场
	被服洗涤车	救援人员/受灾群众	行动基地/安置现场/抢险救援现场
	便携式动物疫病快速诊断仪	—	抢险救援现场
	生物安全检验车	救援人员/受灾群众	行动基地/安置现场/抢险救援现场
	动物尸体焚烧炉	—	安置现场/抢险救援现场
	个体喷雾器	救援人员/受灾群众	行动基地/安置现场/抢险救援现场

6.2.13　垃圾处置装备

高原高寒地区灾害现场垃圾应急处置主要以垃圾转运、填埋、焚烧等手段为主,其装备主要技术要求如下:

(1)能够处置生活垃圾、医疗垃圾和粪便,处置能力满足保障对象需求;

(2)垃圾焚烧设备应具有较高的燃烧效率,避免低氧低压对燃烧带来不利影响;

(3)垃圾处置排放或残留符合国家标准要求。

高原高寒地区垃圾处置装备如表6-12所示。

表6-12　高原高寒地区垃圾处置装备

目标能力	装备名称	主要保障对象	主要应用场景
垃圾处置能力	高原型垃圾焚烧方舱/车	救援人员/受灾群众	行动基地/安置现场/抢险救援现场
	公用厕所	救援人员/受灾群众	行动基地/安置现场/抢险救援现场
	垃圾运输车	救援人员/受灾群众	行动基地/安置现场/抢险救援现场
	垃圾焚烧炉	救援人员/受灾群众	行动基地/安置现场/抢险救援现场

6.2.14　检测监测装备

高原高寒地区检测监测装备主要侧重应急救援人员在急性高原病防控、灾害现场风险评估等方面的监测预警保障。装备类型包括易感人员筛查装备、个体生理参数监测装备、灾害风险监测装备、气象参数监测装备等。

易感人员筛查装备主要技术要求如下:

(1)实现易发生急性高原病人员快速检测筛查;

(2)系统储存能力满足应用需求;

(3)具备动态比对功能。

生理监测装备主要技术要求如下:

(1)快速检测个体在救援过程的血氧饱和度、脉搏和体温等疲劳性指标和缺氧性指标,并储存记录;

(2)指标精度满足保障对象使用需求;

(3)电池续航能力满足使用需求。

灾害风险监测装备主要技术要求如下:

(1)根据需要实时监测灾害风险信息;

(2)能够系统分析灾害信息,对人员可能遭遇的生命安全风险及时预警;

(3)辅助救援人员实时决策。

气象参数监测装备主要技术要求如下;

(1)能够监测温度、湿度、风力、降水量等主要气象参数;

(2)具备存储和比对功能。

高原高寒地区检测监测装备如表6-13所示。

表 6－13　高原高寒地区检测监测装备

目标能力	装备名称	主要保障对象	主要应用场景
检测监测能力	易感人员筛查系统	救援人员	行动基地/抢险救援现场
	灾情获取与决策系统	救援人员	行动基地/抢险救援现场
	情景模拟与装备选配系统	救援人员	行动基地/抢险救援现场
	快速体温检测仪	救援人员/受灾群众	行动基地/安置现场/抢险救援现场
	便携式气象参数监测仪	救援人员	行动基地
	高原个体生理参数检测系统	救援人员	行动基地/抢险救援现场

6.2.15　安全防护装备

高原高寒地区安全防护装备主要是为应急救援人员和受灾群众避免遭受火灾、其他现场安全隐患、次生灾害风险等损害而配置的生命保障装备。其主要技术要求包括：

(1)有效防护保障对象免受火灾、废墟或其他危险源损伤；

(2)兼具防护和保暖功能；

(3)穿戴方便,不影响实施救援等作业。

高原高寒地区安全防护装备见表 6－14。

表 6－14　高原高寒地区安全防护装备

目标能力	装备名称	主要保障对象	主要应用场景
安全防护能力	灭火器材	救援人员/受灾群众	行动基地/安置现场保障
	现场警戒器材	救援人员	行动基地/安置现场保障
	个人防护装备	救援人员	行动基地/安置现场保障

6.3　高原高寒地区灾害现场生存保障装备体系构建

综上研究,可形成如下装备体系,共涉及 14 大类 96 小类,见表 6－15。

表 6－15　高原高寒地区灾害现象生存保障装备体系

	任务类别	目标能力	装备名称	主要保障对象	主要应用场景
高原高寒地区灾害现场生存保障装备体系	基本生存保障	住宿保障能力	高原型住宿方舱	救援人员	行动基地
			高原型宿营车	救援人员	行动基地
			移动式集成房屋	救援人员/受灾群众	行动基地/安置现场
			快速装配式房屋	受灾群众	安置现场

表 6 – 15(续 1)

	任务类别	目标能力	装备名称	主要保障对象	主要应用场景
高原高寒地区灾害现场生存保障装备体系	基本生存保障	住宿保障能力	单帐篷	救援人员/受灾群众	行动基地/安置现场
			棉帐篷	救援人员/受灾群众	行动基地/安置现场
			充气帐篷	救援人员/受灾群众	行动基地/安置现场
			个体帐篷	救援人员	抢险救灾现场
			个体睡袋	救援人员	行动基地/抢险救灾现场
			卧具	救援人员/受灾群众	行动基地/安置现场
			被褥	救援人员/受灾群众	行动基地/安置现场
		餐食保障能力	高原型移动厨房/餐食加工车	救援人员/受灾群众	行动基地/安置现场/抢险救援现场
			高原型面包加工车	救援人员/受灾群众	行动基地/安置现场/抢险救援现场
			热食前送车	救援人员/受灾群众	行动基地/安置现场/抢险救援现场
			分队用餐厨器材	救援人员	行动基地/抢险救援现场
			个体餐具	救援人员	行动基地/抢险救援现场
			自热即食或即食食品	救援人员/受灾群众	行动基地/安置现场/抢险救援现场
			食品安全快速检测箱	救援人员/受灾群众	行动基地/安置现场
		供氧保障能力	可移动集中制氧站	救援人员/受灾群众	行动基地
			供氧终端系统	救援人员/受灾群众	行动基地
			高原制氧车	救援人员/受灾群众	行动基地
			箱组式小型制氧	救援人员	行动基地/抢险救灾现场
			小型移动制氧机	救援人员	行动基地/抢险救灾现场
			小型车载制氧机	救援人员	抢险救灾现场
			小型压氧机	救援人员	抢险救灾现场
			个体液氧供氧器	救援人员	抢险救灾现场
			个体 PSA 制氧机	救援人员	抢险救灾现场
			个体膜分离制氧机	救援人员	抢险救灾现场

表 6-15(续 2)

	任务类别	目标能力	装备名称	主要保障对象	主要应用场景
高原高寒地区灾害现场生存保障装备体系	基本生存保障	供暖保障能力	个体加压增氧呼吸器	救援人员	抢险救灾现场
			综合制供暖系统	救援人员/受灾群众	行动基地/安置现场/
			太阳能供暖系统	救援人员/受灾群众	行动基地/安置现场
			电热供暖系统	救援人员/受灾群众	行动基地/安置现场
			高原暖风机	救援人员/受灾群众	行动基地/安置现场
			小型室内电热器	受灾群众	安置现场
			防寒作业服	救援人员	行动基地抢险救援现场
			保暖棉衣	救援人员/受灾群众	行动基地/安置现场/抢险救灾现场
			防寒靴	救援人员/受灾群众	行动基地/安置现场/抢险救灾现场
			保暖配饰	救援人员/受灾群众	行动基地/安置现场/抢险救灾现场
		供水保障能力	高原型净水方舱/车	救援人员/受灾群众	行动基地/安置现场
			送水车	救援人员/受灾群众	行动基地/安置现场
			贮水罐	救援人员/受灾群众	行动基地/安置现场
			便携式电热水器	救援人员/受灾群众	行动基地/安置现场/抢险救援现场
			小型净水器	救援人员/受灾群众	行动基地/安置现场/抢险救援现场
			个体饮具	救援人员/受灾群众	行动基地/安置现场/抢险救援现场
			车载式应急净水设备	救援人员/受灾群众	行动基地/安置现场/抢险救援现场
			个体净水器	救援人员	行动基地/抢险救援现场
			水质快速检测仪	救援人员/受灾群众	行动基地/安置现场
	医护卫生保障	紧急救治能力	可移动高压氧舱	救援人员/受灾群众	行动基地
			方舱医院	救援人员/受灾群众	行动基地/安置现场
			移动生物安全实验室	受灾群众/救援人员	行动基地/安置现场
			高压氧舱车	救援人员/受灾群众	行动基地/安置现场
			个体增压头盔	救援人员	抢险救灾现场
			个体急救箱	救援人员	行动基地/抢险救灾现场

表6－15(续3)

	任务类别	目标能力	装备名称	主要保障对象	主要应用场景
高原高寒地区灾害现场生存保障装备体系	医护卫生保障	紧急救治能力	高原救护车	救援人员/受灾群众	行动基地/安置现场/抢险救援现场
		防疫洗消能力	卫生洗消站	救援人员	行动基地
			淋浴室	救援人员/受灾群众	行动基地/安置现场
			高原卫生防疫车	救援人员/受灾群众	行动基地/安置现场/抢险救援现场
			个人卫生防护装备	救援人员/受灾群众	行动基地/安置现场/抢险救援现场
			动物疫病快速检测仪	救援人员/受灾群众	行动基地/安置现场/抢险救援现场
			被服洗涤车	救援人员/受灾群众	行动基地/安置现场/抢险救援现场
			便携式动物疫病快速诊断仪	—	抢险救援现场
			生物安全检验车	救援人员/受灾群众	行动基地/安置现场/抢险救援现场
			动物尸体焚烧炉	——	安置现场/抢险救援现场
			个体喷雾器	救援人员/受灾群众	行动基地/安置现场/抢险救援现场
		检测监测能力	易感人员筛查系统	救援人员	行动基地/抢险救援现场
			灾情获取与决策系统	救援人员	行动基地/抢险救援现场
			情景模拟与装备选配系统	救援人员	行动基地/抢险救援现场
			快速体温检测仪	救援人员/受灾群众	行动基地/安置现场/抢险救援现场
			便携式气象参数监测仪	救援人员	行动基地
			高原个体生理参数检测系统	救援人员	行动基地/抢险救援现场
		垃圾处置能力	高原型垃圾焚烧方舱/车	救援人员/受灾群众	行动基地/安置现场/抢险救援现场

表 6－15(续 4)

	任务类别	目标能力	装备名称	主要保障对象	主要应用场景
高原高寒地区灾害现场生存保障装备体系	医护卫生保障	垃圾处置能力	公用厕所	救援人员/受灾群众	行动基地/安置现场/抢险救援现场
			垃圾运输车	救援人员/受灾群众	行动基地/安置现场/抢险救援现场
			垃圾焚烧炉	救援人员/受灾群众	行动基地/安置现场/抢险救援现场
	重点辅助保障	供电保障能力	移动式应急供电站	救援人员/受灾群众	行动基地/安置现场/抢险救援现场
			应急发电车	救援人员/受灾群众	行动基地/安置现场/抢险救援现场
			便携式发电站	救援人员/受灾群众	行动基地/安置现场/抢险救援现场
			便携式电源	救援人员	行动基地/安置现场/抢险救援现场
		供油保障能力	应急供油方舱/车	救援人员/受灾群众	行动基地/安置现场/抢险救援现场
			油罐/油囊	救援人员/受灾群众	行动基地/安置现场/抢险救援现场
			手动/电动加油装置	救援人员/受灾群众	行动基地/安置现场/抢险救援现场
		照明保障能力	室内应急灯	救援人员/受灾群众	行动基地/安置现场/抢险救援现场
			气动升降照明灯组	救援人员/受灾群众	行动基地/安置现场/抢险救援现场
			月球灯	救援人员/受灾群众	行动基地/安置现场/抢险救援现场
			警示照明灯	救援人员/受灾群众	行动基地/安置现场/抢险救援现场
		通信保障能力	移动通信车	救援人员/受灾群众	行动基地/安置现场/抢险救援现场
			车载卫星通信系统	救援人员	行动基地/抢险救援现场
			便携式卫星通信	救援人员	行动基地/抢险救援现场

表6－15(续5)

	任务类别	目标能力	装备名称	主要保障对象	主要应用场景
高原高寒地区灾害现场生存保障装备体系	重点辅助保障	通信保障能力	手持卫星电话	救援人员	行动基地/抢险救援现场
			基地短波电台	救援人员	行动基地/抢险救援现场
			车载短波电台	救援人员	行动基地/抢险救援现场
			手持对讲机	救援人员	行动基地/安置现场/抢险救援现场
			移动视频通信系统	救援人员	行动基地/抢险救援现场
		安全防护能力	灭火器材	救援人员/受灾群众	行动基地/安置现场保障
			现场警戒器材	救援人员	行动基地/安置现场保障
			个人防护装备	救援人员	行动基地/安置现场保障

第7章　高原高寒地区灾害现场生存保障装备典型技术图谱探索研究

7.1　高原高寒地区灾害现场生存保障装备技术图谱绘制方法

科学技术进步是装备发展的前提条件,也是装备发展的内在动力。促进高原高寒地区灾害现场生存保障技术的快速发展是完善装备体系、提高装备保障能力的重要途径。我国高原高寒地区应急生存保障技术发展尚缺乏系统性规划,难以为装备体系发展提供有效支撑。本章主要开展生存保障装备技术图谱研究,为高原高寒地区灾害现场生存保障装备关键技术研发提供参考。

高原高寒地区灾害现场生存保障装备技术图谱是一系列基于技术路线图提出的用于描述生存保障装备未来技术发展的路径图,是一种重要的技术规划工具,是能力需求驱动的技术规划过程,能够帮助装备技术规划部门识别、选择和开发备选生存保障技术以满足相关装备的发展需要。

由于当今世界技术发展日新月异,高原高寒地区灾害现场生存保障装备研发也处于快速发展时期。所以本章的技术图谱研究,更多是一种方法论的探对研究,具体的技术发展方向和重点,仍需结合当时的技术发展情况灵活、审慎地进行选择和考量。

7.1.1　高原高寒地区灾害现场生存保障装备技术图谱构建原则

高原高寒地区灾害现场生存保障装备技术图谱构建,应遵循以下原则:

1.需求性原则

结合近年来高原高寒地区灾害应急救援的生存保障实践,纳入技术图谱中重点分析的关键技术应满足需求性原则。

需求性原则包括:

(1)能够服务于国家应急管理战略,满足未来高原高寒地区的应急救援能力需求;

(2)满足高原高寒地区灾害救援、工程建设等方面对应急保障装备的发展要求;

(3)有利于解决装备在高原高寒地区性能下降等瓶颈难题。

2.可行性原则

关键技术的未来规划应考虑技术可行性、经济承受能力、时间约束性和其他因素的制约,其中技术可行性是主要考虑的因素。

可行性原则包括：

(1)充分考虑国家的科学技术基础、已有的装备技术或近期可能获得的科研成果；

(2)与国家的经济基础、应急装备开发和生产能力以及其他方面的承受能力相适应；

(3)满足5~10年的研制周期要求；

(4)充分利用军事等领域新技术，吸收国际最新研究成果。

3. 先进性原则

技术先进性是一个相对的概念，既包括时间因素，又包括复杂的技术原理和应用因素。在关键技术规划中，要以先进的应急救援理念为指导，以发展的眼光看问题，跟踪科技发展趋势，合理利用关键性高新技术，并增大高新技术的含量，奠定生存保障装备技术发展的先进性基础。

4. 经济性原则

生存保障装备技术的发展规划既要满足生存保障能力需求，又要在经济上可以承受，兼顾平衡发展，使体系中装备技术研发制造成本，与国家的经济基础、应急产业化能力相适应。

经济性原则包括：

(1)用尽可能少的技术开发成本获得尽可能高的应急保障能力；

(2)在促进装备技术发展和其他科技进步方面带来的效益尽可能多；

(3)充分利用和继承相关领域的成熟技术。

7.1.2　高原高寒地区灾害现场生存保障装备技术图谱构建方法

高原高寒地区灾害现场生存保障装备技术图谱构建程序分为前期准备、图谱绘制和修正更新三个阶段，如图7-1所示。

1. 前期准备阶段

这是技术图谱绘制的启动阶段，首先根据研究目标、原则和范围，成立技术领域研究小组，并明确任务分工；然后根据研究的技术领域，收集相关资料数据，作为研究知识储备；最后研究小组进行研讨，进一步明确研究任务，并确定统一的顶层设计要求等。

2. 图谱绘制阶段

该阶段是实施程序的核心阶段，首先根据高原高寒地区灾害现场的生存保障装备能力需求，分析当前的装备技术现状，得出当前的能力差距和发展相关技术的未来挑战；然后针对当前装备技术现状和未来挑战，制订技术发展目标；最后各技术领域小组根据发展目标梳理相关关键技术，形成装备技术图谱。

3. 修正更新阶段

首先将各技术领域小组绘制的技术图谱汇总为研究报告成果，然后在更广泛的技术人员层面、规划管理人员层面等进行征求意见，最后进行调整完善，使装备技术图谱满足当前科技发展和应急救援生存保障的需要。

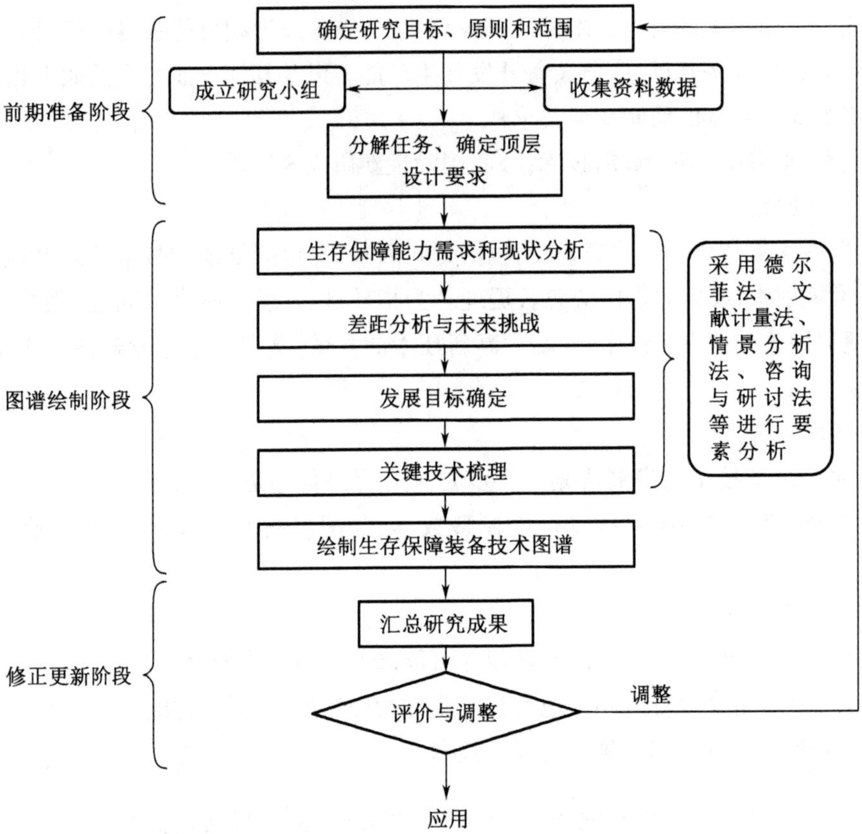

图 7－1　生存保障装备技术图谱构建程序方法

7.2　高原高寒地区灾害现场生存保障典型装备技术图谱构建总体思路

高原高寒地区灾害现场生存保障典型装备技术图谱建立在生存保障风险、任务和能力分析的基础上。前文分别针对受灾群众、救援人员、装备失效三种类型的风险进行重点分析，综合来看，基本生存保障风险、医疗和卫生保障风险、人员环境不适应风险是高原高寒地区生存保障面临的主要风险。针对这些主要风险，通过对高原高寒地区生存保障的任务需求和能力需求分析，确定供氧保障、供暖保障、住宿保障、餐食保障、供水保障、防疫洗消保障、垃圾处理保障及油料保障等 8 方面为装备技术图谱构建的研究对象，如图 7－2 所示。

在具体研究过中，每个技术领域分别成立研究小组，搜集整理国内外高原高寒地区生存保障装备相关文献、专利、报告、标准、新闻报道等资料，分类建立技术领域资料数据库。分析每类技术领域的发展现状和能力差距，以及在未来面临的挑战，明确该技术领域应实现的发展目标，并根据该目标分别梳理与能力需求密切相关的关键技术或基础研究方向，绘制8个技术领域的技术图谱。

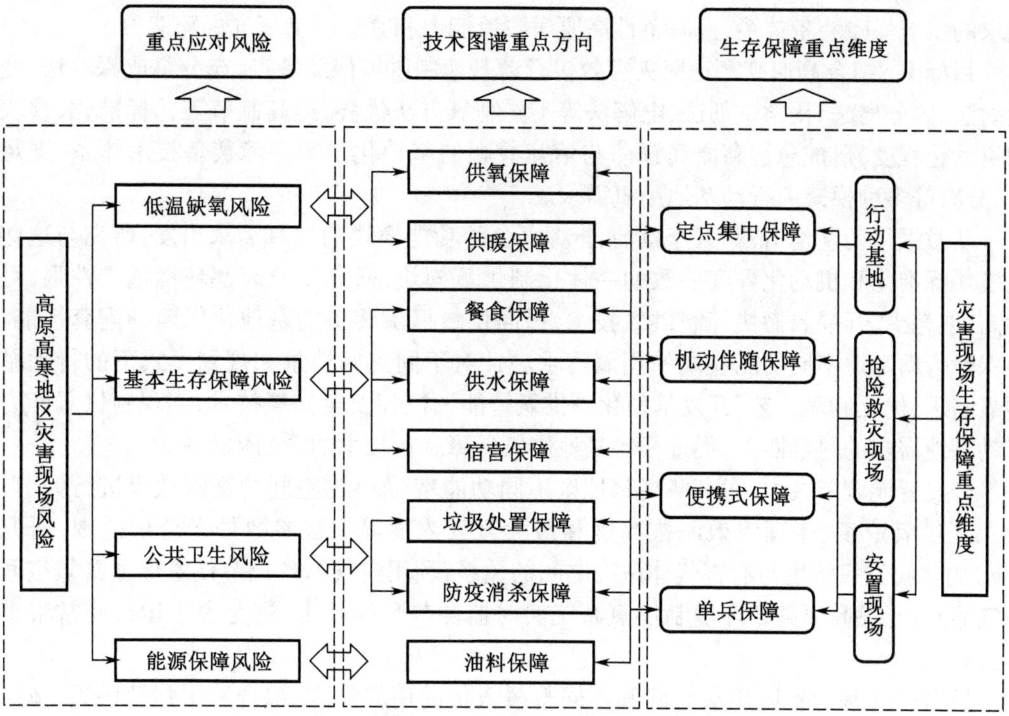

图7-2　典型灾害现场生存保障装备技术图谱构建总体思路

7.3　高原高寒地区灾害现场生存保障典型装备技术图谱探讨

7.3.1　供氧保障装备技术图谱

1. 现状

制氧供氧技术目前已在高原高寒地区机场、火车站、列车车厢、宾馆等公共场所，以及青藏铁路等重大工程建设中取得广泛应用。国家颁布了《高原地区室内空间弥散供氧(氧调)要求》等标准规范了高原高寒地区室内供氧技术要求。目前可快速部署的移动式高效制氧供氧设备还比较少，与高原高寒地区灾害救援需求还有一定差距。

2. 挑战

高原高寒地区气温低、气压低、风沙大、紫外线强等恶劣气候环境影响供氧保障装备的可靠性和安全性，可能导致性能下降或失效，增加了供氧保障装备的技术难度。

重大自然灾害应急救援的多样化行动任务也对供氧保障提出了多方面的需求。研究机动式、模块化、集成化、低能耗、高可靠性的供氧保障装备是应急救援的迫切需求，也面临严峻的技术挑战。

3. 发展目标与技术途径

建成满足高原高寒地区灾害现场的基地化保障、分队保障、个人保障等多方面、多层级需求的供氧保障装备体系，提高急性高原病防治能力和紧急救治氧气保障能力。

目标 1　结合高原高寒地区灾害救援行动基地制供氧保障特点，充分集成深冷法、变压吸附法、膜分离法、化学试剂法、电解法等不同制氧方法优势，提高制氧工艺标准化、模块化和机动化程度，形成急性高原病预防与治疗兼顾的基地化供氧保障装备技术体系，满足弥散、分布等多种模式的行动基地用氧需求。

从救援行动基地宿营、医疗救治、指挥办公等功能模块的用氧需求出发，研究与这些功能模块标准化和机动化程度一致的一体化制供氧模块，研究高原高寒环境适应性强、可靠性高、能耗少、开展收撤快等制供氧技术，提高供氧保障装备的基地化保障的配套性能，集中保障行动基地不同功能模块的用氧需求。针对不同灾害情景和规划模式下的行动基地用氧需求，优化制氧工艺，开发基地化制供氧智能调控和安全储氧技术，实现制供氧能力与行动基地需求的科学匹配，促进行动基地供氧保障装备技术的系列化发展。

开发智能调节技术，对高寒高寒地区不同功能室（舱）内空间的富氧效果进行调节，有效保证供氧浓度、生理等效海拔高度和最大氧气浓度等关键参数处于合理范围；研究室（舱）内空间供氧浓度与有害气体浓度之间的关系，利用空气循环调节技术保证富氧空间的空气品质；开发高原高寒环境制供氧系统实时监测与预警技术，避免由于运行异常带来安全隐患。

根据行动基地不同用氧空间和不同救援人员的用氧需求，综合采用弥散供氧、鼻面罩吸氧和导管吸氧等供氧方式。对于较大空间的集中弥散供氧，采用多种技术措施保证安全、有效和舒适供氧。系统研究不同功能用途的高原高寒室（舱）内人体生理学效应，研究不同吸氧浓度、吸氧时间等关键参数下的人员血氧饱和度、心率等生理指标变化规律，制定急进高原后高原反应症状明显者的氧疗方案和安全用氧方案。优化室（舱）内供氧终端结构设计，采取噪声控制技术和氧气加湿技术，满足舒适性要求。

目标 2　针对机动式救援队伍，瞄准伴随保障需求，发展机动式、模块式和箱组式的系列化供氧保障装备技术，具备面向高原高寒地区多灾种救援现场的机动式制供氧能力。

开发高原路况安全运输与装备快速撤收技术，满足高原陆地颠簸路面运输需求，设计移动制供氧安全监测与预警技术，避免由于运行异常导致的安全事故。

根据不同灾害环境应急救援行动中的能源保障能力，通过合理选用制氧技术、优化制氧工艺流程等降低制供氧设备的总体能耗，同时充分利用高原地区太阳能、风能等可再生能源，融合太阳能光伏发电技术、风能发电技术等，减少对行动基地能源保障的严重依赖，提高机动式装备的电力自我保障能力。

研究不同海拔范围的低气压、低气温或大温差变化对机动式制氧装备性能的影响，开发变海拔工况自适应制氧技术，保证装备氧浓度、产氧量等关键能力指标的稳定输出，满足工作场地应急救援人员对于急性高原病的预防和治疗需求，以及灾害现场伤病员的医疗用氧需求。针对变压吸附制氧，开发新型高效吸附剂，优化制氧流程，进一步提高制氧效率、降低能耗，加快小型化、集成化、模块化关键技术研究。针对深冷法制氧，研究小型化、机动化液氧制备工艺和关键元器件，降低能耗和预热启动时间，提高存储、分配、气化技术与装置的国产化程度。针对化学制氧，通过对药剂配方和结构等方面的优化设计，提高产氧速率稳定性，降低对使用环境温度的敏感性，采用技术措施进一步降低使用成本。针对膜分离制氧,开发适用于高原高寒灾害环境的功能性膜材料,形成抗污染能力较强的高性能制供氧膜组件,促进膜分离制氧技术的小型化、模块化发展。

目标3　针对个体救援,综合研究制供氧技术、装备材质和结构、能源动力供应方式等方面对装备小型化的影响,研发能够单人自行携带,紧急情况下能够实时自救互救的制供氧技术,形成一系列具有体积小、质量轻、省氧或续航时间长、使用舒适安全、操作简便智能等特点的供氧保障装备技术,满足不同类型救援人员的用氧需求。

研究高原高寒地区灾害现场不同救援任务对应下的个体供氧需求,合理选用制供氧技术和装备材质,采用制供氧一体化设计减小装备的体积和质量。

根据人体呼吸节奏和需氧量不同,开发供氧流量自动调节技术,为应急救援人员提供智能用氧保障;集成高性能电源技术,实现可靠电能保障。

研究极限海拔和温度对不同制供氧技术的影响,采用耐低压、耐低温工艺进一步开发小型化制氧技术,提高个体制氧装备在高原高寒环境的适应性。

4. 技术图谱

供氧保障装备技术图谱见图7-3。

7.3.2　供暖保障装备技术图谱

1. 现状

室内空间供暖保障方面,高原高寒地区灾害现场的应急供暖主要采用火炉、暖风机等传统供暖方式,缺乏集成化、低能耗供暖保障技术,难以满足极端低温天气下重大自然灾害的供暖需求。个体保暖方面,目前救援服装保暖效能还不够高,保暖性和便利性之间还存在矛盾。

2. 挑战

与普通居民生活供暖相比,高原高寒地区应急救援供暖保障具有更高的要求。空间供暖方面,供暖保障装备技术应具有机动化、集成化、模块化程度高、耗能少、安全性好、可靠性高等要求,普通空调、锅炉等生活供暖方式不再适用。个体保暖方面,应急救援中防寒衣物除具有良好的保暖效果外,还要满足良好的舒适性、不影响作业等要求。

3. 发展目标与技术途径

建立覆盖高原高寒地区灾害现场的行动基地、安置现场和个体保暖的应急供暖技术体系,研发多方面、多层级需求的供暖保障系列装备,提高高原高寒地区应急救援的供暖保障能力,满足重大自然灾害的供暖保障需求。

目标1　针对行动基地和集中/过渡性安置现场保障,结合高原高寒地区应急救援任务流程,瞄准舒适性、高效性、节能性、安全性等目标开发相应的供暖保障技术,提高供暖装备的标准化、模块化和机动化程度,形成满足重大自然灾害救援采暖空间供暖要求的系列化装备技术。

充分利用高原地区丰富的太阳能辐射资源,开发能与传统供暖方式相结合的互补供热技术,降低对油气燃料的依赖,通过光热转换、光电转换等方式为行动基地或安置现场提供供暖保障。

精确计算保障空间的采暖负荷,采用蓄热技术、智能控制与切换技术对冗余供热能源进行高效储存利用,减少供热能源的不必要浪费。采取技术手段提高供暖保障装备的高原高寒环境适应性。

供氧保障装备技术图谱

目标1：形成医用氧气和急性高原病预防与治疗兼顾的基地化制供氧装备技术体系，全面满足集中、分散、集中与分散联合等多种模式的高原高寒地区救援行动基地用氧需求

- 环境适应性强、低能耗、高可靠性、快速展收制供氧技术
- 提高基地化保障模块的融合性
- 开发基地一体化制氧模块
- 基地化制供氧智能调控和安全储氧技术
- 富氧效果智能调节技术
- 空气循环与空气品质保障技术
- 实时监测预警与异常处置技术
- 急性高原病弥散供氧预防与治疗技术

目标2：形成由大型化向小型机动化、模块化和箱组式发展的系列化制供氧装备技术，具备面向高原高寒地区多灾种救援现场的机动化、便携化制供氧能力

- 变海拔工况自适应制氧技术
- 移动制供氧安全监测与预警技术
- 高原路况安全运输与装备快速撤收技术
- 降低制供氧设备的总体能耗技术
- 太阳能、风能等可再生能源保障技术
- 制供氧装备小型机动化、便携式优化技术

目标3：形成一系列具有体积小、质量轻、省氧或续航时间长、使用舒适安全、操作简便智能等特点，并具有高原高寒灾害环境适应性的制供氧装备技术

- 合理选用制代氧技术和装备材质，减小装备的体积和质量
- 耐低温、低压等环境适应技术
- 制供储一体化设计技术
- 根据人体呼吸节奏和需氧量不同，开发供氧流量自动调节技术
- 集成太阳能光伏发电技术和高性能供电技术

图 7－3　供氧保障装备技术图谱

开发适用于高原高寒地区的高效电能转化热能技术，充分发挥电热制暖的无噪音、无污染、恒温加热、功率可调等特点，提高应急救援人员的采暖舒适性。开发用暖空间的智能调节技术，合理分配供暖负荷，最大限度节约能耗。

开发高效节能热风供暖技术，针对升温速率要求高的供暖空间，设计具有流量调节功能的热风系统，根据室内、室外温度进行智能控制。

目标 2　针对个体供暖保障，开发集成防护和御寒功能的救援服装体系，满足灾害现场应急救援人员手部、足部、头面部、身体等全方位保暖需求。

根据服装气候区的划分，针对高原高寒地区极限温度、天气条件下的个体保暖，从保暖性、耐磨性、轻便性、可洗涤次数、透气性、透湿量、防风等级等多层面开展服装功能材料研究，提高服装的保暖性能。

研究高原高寒环境应急救援人员的人体热平衡规律，开发符合保暖服装功效学的微型保暖加热技术，研发带加热功能的新型服装，满足救援人员执行应急救援任务时的个人保暖需求。

4. 技术图谱

供暖保障装备技术图谱见图 7－4。

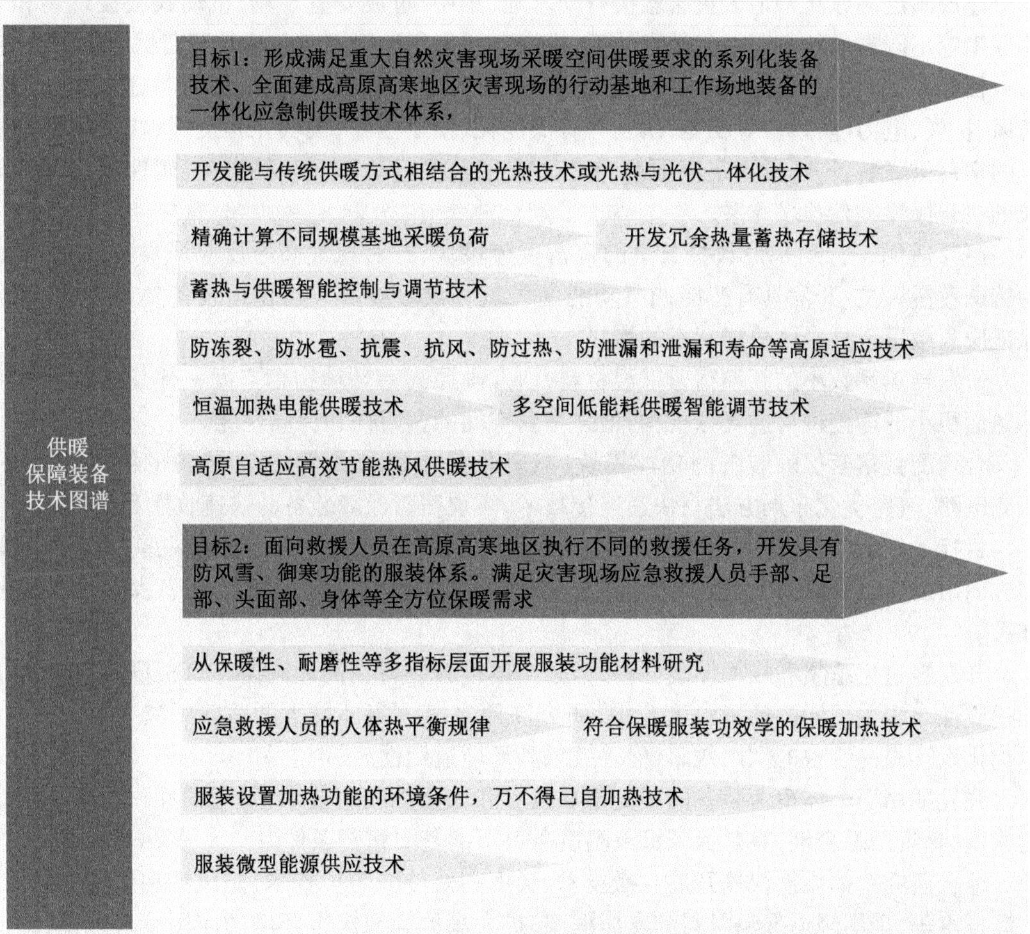

图 7－4　供暖保障装备技术图谱

7.3.3 宿营保障装备技术图谱

1. 现状

以帐篷为代表的宿营保障装备具有运输方便、展收快速、成本较低等特点，目前使用最为普遍。但帐篷类装备密封、保暖等性能较差，在高原高寒环境中难以形成舒适的活动空间，无法保证居住人员的有效休整需求。高原型宿营车、住宿方舱等新型住宿保障装备因其便利性、舒适性和集成度高等优点，其应用价值越来越得到人们的重视和认可。为满足高原高寒地区救援人员和受灾群众住宿需求，安全舒适的宿营保障装备技术体系已成为的迫切需求。

2. 挑战

为增加宿营保障装备住用空间，住宿保障装备大多采用可扩展式或组合式设计。这种设计在高原高寒特殊环境下容易产生漏雨、漏风等现象，影响气密、水密和保温性能。装备除考虑自身荷载、风雪荷载外，还需考虑制氧、供暖、通风、扩展、电力等设备集成，具有较高的技术难度。

3. 发展目标与技术途径

建成满足高原高寒地区灾害救援行动基地、集中/过渡安置现场、机动式救援现场和个体保障等不同需求的宿营保障技术体系，提高高原高寒地区应急救援的宿营保障能力。

目标 1　针对行动基地和集中/过渡性安置现场的宿营保障要求，综合考虑制氧、供暖、通风、扩展、电力、防风雪等功能，研发具有低能耗、便于运输、模块化程度高、快速收撤等特点的宿营保障装备，建成满足高原高寒地区灾害救援行动基地和集中/过渡性安置现场需求的宿营保障装备技术体系。

研究适用于行动基地救援人员的宿营保障模块，针对急性高原反应严重、劳动强度大的特殊救援人员，开发具有智能调节功能的供氧和供暖终端并与住宿装备集成设计，充分保证应急救援人员身体机能状态的恢复。

研发导热系数小的新型宿营保温材料，研发高原高寒环境宿营空间一体化构造技术和传热面积小的连接机构或支撑机构，增强宿营空间的密封性和保温性能。

合理配置宿营保障装备的功能模块，减轻装备体积和载荷，提高装备的机动化水平。研究电路、气路优化布局方法与快速连接技术，实现宿营保障装备的快速收撤和搭拆。

目标 2　针对个体宿营保障要求，从便携性、保暖性、舒适性、防潮、防风雪、防紫外线等多方面出发，形成高原高寒地区恶劣气候条件下个体睡袋、帐篷等系列宿营保障装备技术体系。

开发轻量化睡袋和帐篷保暖材料，增强个体宿营装备在高原高寒地区极限温度条件下的适应性。根据不同的环境温度范围，研究高原高寒灾害环境下的宿营睡袋参数设计，通过优化设计提高装备的利用效率、保暖效果和环境适用性。

开发适用于个体宿营装备的相变蓄热技术和太阳能吸收技术，采用柔性材料增加与宿营帐篷、睡袋的融合性，有效保证极限温度条件下的基本宿营条件。

综合研究个体帐篷快速开展收撤技术、噪声和紫外线防护技术、防风沙和防雨雪技术、防潮技术等，采用轻质保温材料和支撑框架，扩大高原高寒灾害环境的应用场景范围，提高住宿保障的舒适性。

4. 技术图谱

宿营保障技术图谱见图 7－5。

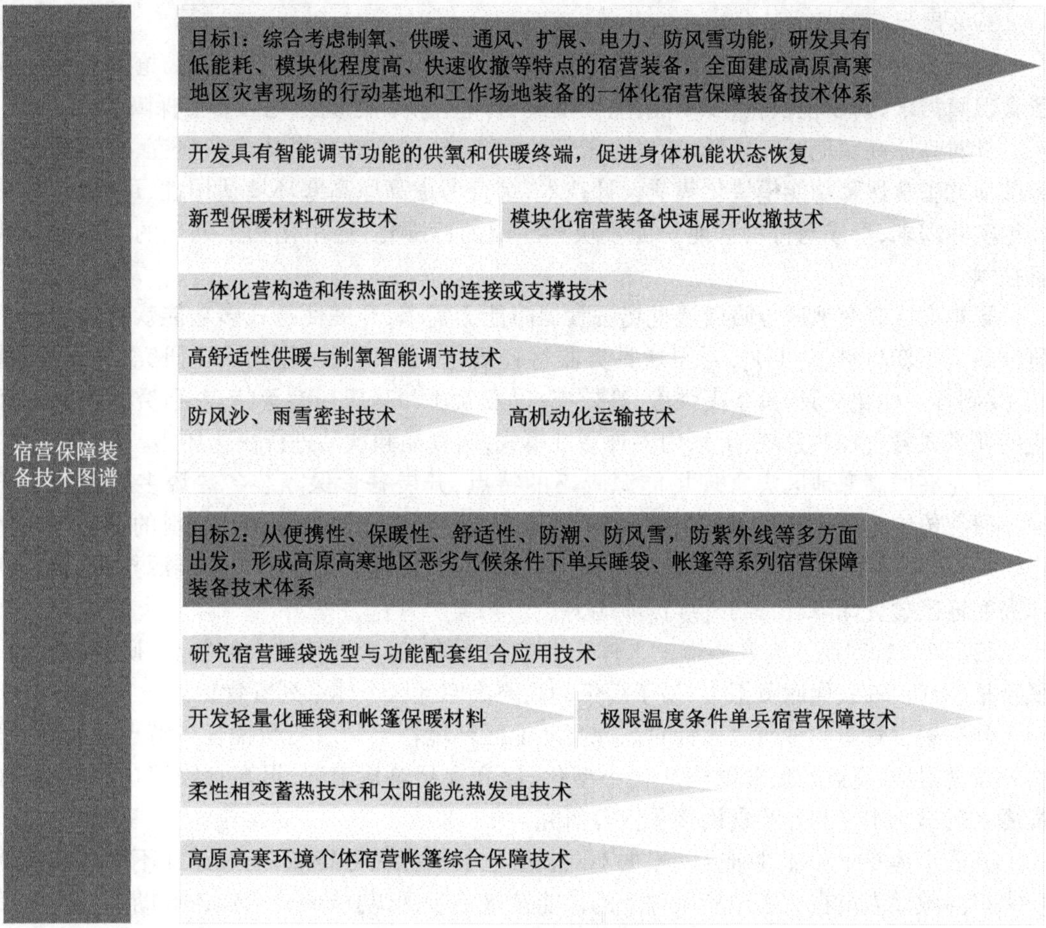

图 7－5　宿营保障装备技术图谱

7.3.4　餐食保障装备技术图谱

1. 现状

国际上发达国家因军事后勤保障需求，研发了一系列高效能餐食保障装备。例如美军研发的组合式野战面包加工方舱、集装箱式厨房等装备，每小时可以满足几百甚至千余人的餐食供应。我国也形成了系列化餐食保障装备体系，但是如果应对高原高寒地区大规模自然灾害，在保障效能和高原高寒环境适应性方面还存在一些不足。

2. 挑战

餐食保障装备是生存保障装备的重要组成部分。在高原高寒地区，特殊的自然地理条件、气候条件以及社会经济条件，给餐食保障带来了巨大的挑战。目前国内外针对餐食保障装备技术发展主要聚焦于装备集成标准化、装备组成模块化、炊具器材便携化、装备热源多样化、装备系统智能化等方面。面向我国高原高寒地区应急救援生存保障实际需求，不断提升餐食保障装备的保障能力，使其具备机动能力好、加工速度快、保障时效高、保障能力强、智能化水平高等技术性能，是适应未来高原高寒地区应急救援餐食保障装备技术发展的必由之路。

3. 发展目标与技术途径

目标1 针对高原高寒地区灾害救援行动基地、集中/过渡性安置现场、抢险救援现场餐食保障需求，研发模块化、多功能化、便携式、智能化的高原高寒地区餐食保障装备技术。

针对高原高寒地区气压低、氧气含量低的特点，开展高效率燃烧设备研究，利用基于任务载荷的餐食保障功能模块化集成设计技术，综合考虑高原高寒环境适用性、可靠性、经济性等实际需求，形成与行动基地功能模块相匹配的标准化、通用化和系列化的餐食保障装备技术。

聚焦高原高寒地区抢险救援现场餐食保障能力需求，开展便携式多功能炊具器材技术研究。运用新材料、新工艺，开展炊具类器材轻量化、小型化、功能集成化研究。研究便携式主/副食一体化炊具，具备高强度、高效率，以及常压和高压切换等特点；研究适应高原环境的便携式餐食加热系统，可采用多种烹饪模式，对食品和饮品进行快速加热。

针对高原高寒地区灾害现场能源匮乏的特点，开展餐食保障装备热源多样化技术研究。研究传统热源和新能源复合供应技术，研究可使用柴、煤、油等多种燃料的多功能应急燃烧炉；研究适用高原高寒地区的高效固体燃烧技术、化学加热技术等新能源技术，提高高原高寒地区餐食保障装备的持续保障能力。

目标2 针对高原高寒环境中人体作业能力下降、能量消耗较大的特点，研究高能量、低重量、吸收率高、代谢负担小、易于携带的高原高寒地区个体系列餐食。

开展餐食骨干品种研究。针对高原高寒地区环境特点和应急救援任务特点，结合我国传统饮食习惯，重点开展食物模块化小型化、提高食品热量密度、提高食物消化吸收率、提高餐食餐谱化水平和连续食用接受性等研究。

开展个体餐食功能性研究。根据不同救援人员执行任务特点，通过添加不同功能性物质来提高救援人员在灾害现场条件下的体能及脑能表现，功能成分的加入有助于提高救援人员在高原高寒环境下持续开展救援任务的作业效率。

开展个体餐食包装材料研究。针对不同餐食产品研制不同的特殊复合包装材料，增强包装袋的抗冲击、耐低温、耐磨、耐压性能；在保证产品安全前提下，增加包装袋柔软性，方便携行。

开展个体餐食组合配套研究。研究高原高寒地区人员营养模式，确定不同救援任务下每日份餐食提供的热量和主要营养素供能比，结合使用场合和使用对象的特殊性，将各品种科学合理组配成日份或餐份食品包，形成高原高寒应急救援个体系列餐食。

4. 技术图谱

餐食保障技术图谱见图7-6。

7.3.5 供水保障装备技术图谱

1. 现状

净水是应急供水保障的核心技术难题。目前国内外净水技术主要以反渗透技术为基础的多种水处理技术的应用或联用，包括微滤、超滤、纳滤，以及正渗透、电容电去离子、离子浓缩极化、电化学法等技术。不同净水技术对水源水质和自然环境有不同要求，出水水质也有所不同。

2. 挑战

目前高原高寒地区供水装备存在的主要问题包括：能耗偏高、体积和质量偏大，容易结垢，净化膜寿命短，低温运行时稳定性差、化学试剂、过滤器材等消耗大等。因此高原高寒环境供水保障装备技术发展应研究和开发多种技术高效组合的净水工艺，改进预处理或后处理系统等，提高供水的质量和产量，提高装备使用寿命。

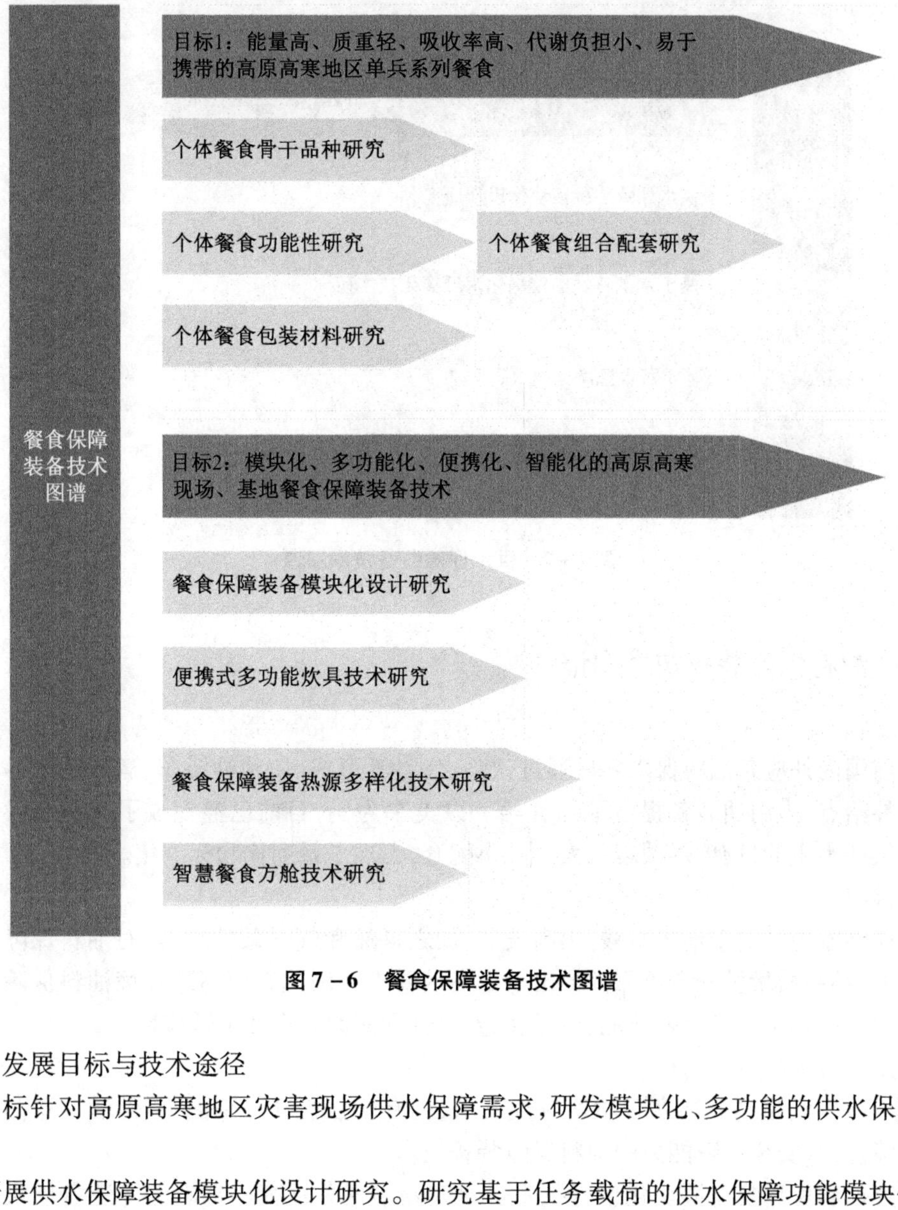

图7-6　餐食保障装备技术图谱

3. 发展目标与技术途径

目标针对高原高寒地区灾害现场供水保障需求，研发模块化、多功能的供水保障装备技术。

开展供水保障装备模块化设计研究。研究基于任务载荷的供水保障功能模块化集成设计技术，通过对动力模块、净化模块、储水模块、反渗透模块等供水保障功能模块的集成化设计，综合考虑功能性、高效性等实际需求，形成标准化、通用化和系列化的高原高寒环境供水保障装备方案。

开展基于水源特性的净化工艺技术研究。基于高原高寒地区水源水质特性，研究基于陶瓷膜、反渗透、超滤、微滤等高效组合净水技术，形成系列化高原高寒环境净水工艺技术，提升供水保障装备的净水效率。

开展新型净水或制水技术研究。针对高原高寒地区水源缺乏的现状，开发新型净水或制水技术，比如汽车尾气制水、空气制水等，并形成系列化、模块化装备，提升救援队伍的机动性和适应性，摆脱净水装备对传统水源的依赖。

4. 技术图谱

供水保障技术图谱见图 7 -7。

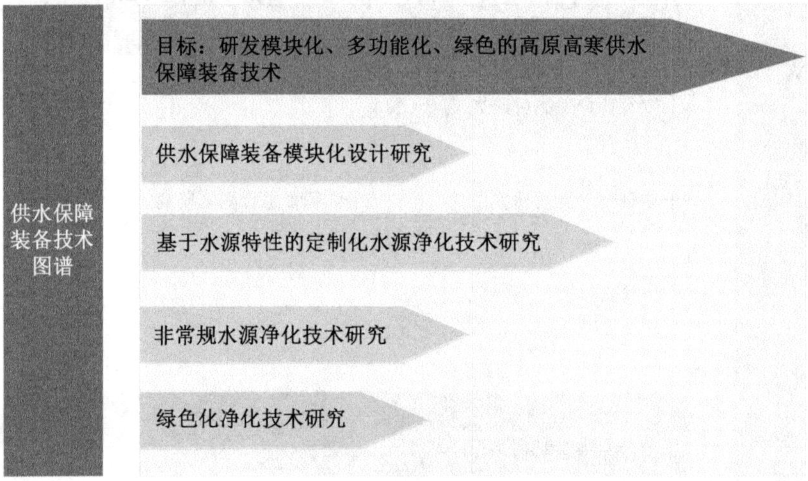

图 7 -7　供水保障装备技术图谱

7.3.6　油料保障装备技术图谱

1. 现状

目前国内外应急油料保障主要通过铁路、公路等形式，使用油罐车、运加油车等将油料运输到补给点，为用油装备提供油料补给。以美军为例，目前已经完成了从桶装供油为主向散装供油为主的过渡，供油装备大、中、小配套，实现了系列化和标准化。

2. 挑战

高原高寒地区由于地势险峻、山高坡陡，加之自然和气候条件恶劣，对油料保障装备的工作效率、油品质量及安全可靠性提出了更高的要求。因此高原高寒环境油料保障装备技术发展主要聚焦于提升保障效能、可靠性、安全性和高原高寒环境适应性。

3. 发展目标与技术途径

目标研发满足高原高寒环境适应性要求，拥有较强机动保障能力、储油 - 运油 - 加油综合保障能力、安全保障能力的油料保障装备技术。

研究油料保障装备模块化设计技术。研究基于任务载荷的油料保障装备模块化集成设计技术，通过对运送模块、储存模块、分发模块等模块的集成化设计，形成标准化、通用化和系列化的高原高寒地区灾害现场专用油料保障装备技术。

研究油料快速加注装备技术。研究动力装置在高原高寒环境下的增效及低温快速启动技术；研究不同类型油品下油泵低气压、低温抗气蚀技术；研究便携式高效手自一体化加油技术;研制高机动、系列化无人加油单元。

研究油料保障装备安全保障技术。开发高原高寒环境行动基地油料临时储存消防预警与应急处置智能系统;研究高原高寒地区油料道路运输事故衍生机理及安全风险防范体系;研究低压低温下油料装卸和运输过程静电安全防护技术;研究油料加注过程监测与故障诊断技术;研究油料灌装防溢控制技术。

4. 技术图谱

油料保障装备技术图谱见图 7－8。

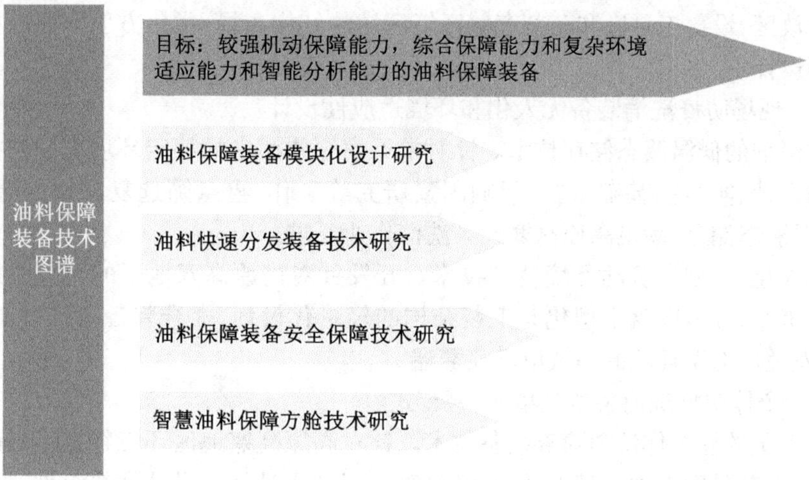

图 7－8　油料保障装备技术图谱

7.3.7　防疫洗消装备技术图谱

1. 现状

目前灾害救援中广泛使用的洗消装备主要是背负式手动喷雾器或防疫洗消车,洗消效率和效果难以满足大规模灾害救援需求。国内外一直高度关注和持续开展防疫洗消技术和装备的研究。我国已拥有常规条件下对多种对象实施洗消作业的多功能快速洗消装备,形成了功能较为全面、技术手段较为齐备的装备体系,但还缺乏专门针对高原高寒地区的集人员洗消、装备洗消与环境洗消功能于一体的装备和具有广谱、抗冻等功效的液体洗消剂。

2. 挑战

目前背负式手动/电动喷雾器适合在人群密度较高的居住点和安置点、临时搭建的厕所、病房等地方喷洒;防疫洗消车具有越野性能强、载药量多、喷洒半径大的特点,适合于大面积洗消。由于高原高寒地区气温低、气压低的特征,普通的喷洒或喷雾装置难以在高原高寒地区充分发挥效能,无法满足大规模自然灾害防疫洗消需求。

3. 发展目标与技术途径

目标 1　行动基地防疫洗消装备模块化、集成化。

针对当前国内在执行救灾应急任务时需要分别携带不同种类、不同功能的防疫洗消设备现状,研究人员洗消、装备洗消和环境洗消的集成技术,优化人员洗消操作流程和装备洗消装置展收方法，提升环境洗消装备的机动操作性。

研究双扩式人员洗消舱技术。通过双向扩展方舱结构设计，增大舱体内洗消空间；研究酸性氧化电位水多体位脉冲淋浴快速洗消方法；优化人员洗消流程；开发具备缺水、漏电和过载保护等功能的人员洗消自动控制系统；研究方舱综合保温技术。

研究装备半自动洗消技术。研究可调节、龙门式喷淋装置快装技术，加快具备立柱固定、移动导向与线路保护等多重功能的喷淋装置底座的设计开发；开展高压喷头布局优化，实现车辆等装备多层次、多角度全面洗消；加快装备洗消池与废液回收囊的研发与集成。

研究组合式方舱集装集成技术。研究方舱内人员洗消舱、装备洗消装置存放区、环境洗消装备存放区、设备工具区和药剂存储区等区域的结构布局；优化方舱保温结构；进行功能部件选型设计。

目标 2 现场防疫洗消装备无人化和环境适应性设计。

研究洗消剂的低温液态储存技术。针对常见病原体污染的特定环境下的洗消剂，开展复配药剂的设计、实验室基础试验、影响因素研究等工作，重点筛选复配剂的低温活性成分，实现低温液态储存，满足高原高寒地区洗消作业要求。

研究无人化、小型高机动环境洗消技术。开发针对高原高寒地区的无人防疫洗消车、小型防疫洗消车，开展底盘小型化与上装结构的轻量化设计，提升装备在狭窄道路机动作业能力，开发适应低温环境的高效电动喷雾器。

目标 3 个体防疫洗消装备微型化、融合式。

研究高度集约性个体洗消喷雾装备技术。针对高原高寒地区环境特点，以最大化节省人力为目标，充分借助电力或其他动力，增强喷雾器的机动性。设计发热组件，保障低温低氧环境下个体喷雾装备的高效使用。加强各部分组件的集约性和微型化，保障个体喷雾装备的轻便高效。

研究轻便智能型个体防护装备技术。针对高原高寒地区低温低氧的特点，研制保暖、舒适、质量轻便、防护性能好的个体防护装备，提高个体防护能力。

4. 技术图谱

防疫消杀装备技术图谱见图 7 -9。

7.3.8 垃圾处置装备技术图谱

1. 现状

目前，国内外较成熟的生活垃圾、医疗垃圾处理技术主要有：卫生填埋、堆肥、焚烧等。从长远发展趋势看，由于填埋方式成本优势的缩小以及填埋场的选址难度的加大，填埋处理垃圾方式适用性逐渐降低，焚烧处置比例逐渐加大。高原高寒地区具有气压低、气温低、氧气含量低、温差大、紫外线强等特点，在复杂环境应力场作用下装备性能会加速退化，垃圾燃烧不充分问题严重。

2. 挑战

高原高寒地区发生大规模自然灾害后，垃圾产生量大，处理难度大。高原低氧、低压环境下生活垃圾、医疗垃圾及动物尸体等多类垃圾一体化高效混合焚烧、多种类/大体积疫病动物尸体快速处置、多组分烟气净化处理等关键技术问题尚未有效解决。

3. 发展目标与技术途径

目标 行动基地和集中/过渡性安置现场生活、医疗垃圾处理无害化。

研究适用于生活垃圾、医疗垃圾及动物尸体处置的一体化焚烧技术。生活垃圾、医疗垃圾和动物尸体的特性差异明显，处理的参数要求也各不相同，国家规定的排放指标也存在差异，加之高原区域气压低，氧含量低，垃圾充分焚烧困难。基于对各种垃圾的特性分析，采取针对性前处理措施，使进入焚烧炉的垃圾均匀稳定；优化焚烧工艺参数，提高装备对工况波动的适应性；优化进气方式、优化火焰喷嘴，实现各类垃圾高效充分焚烧。

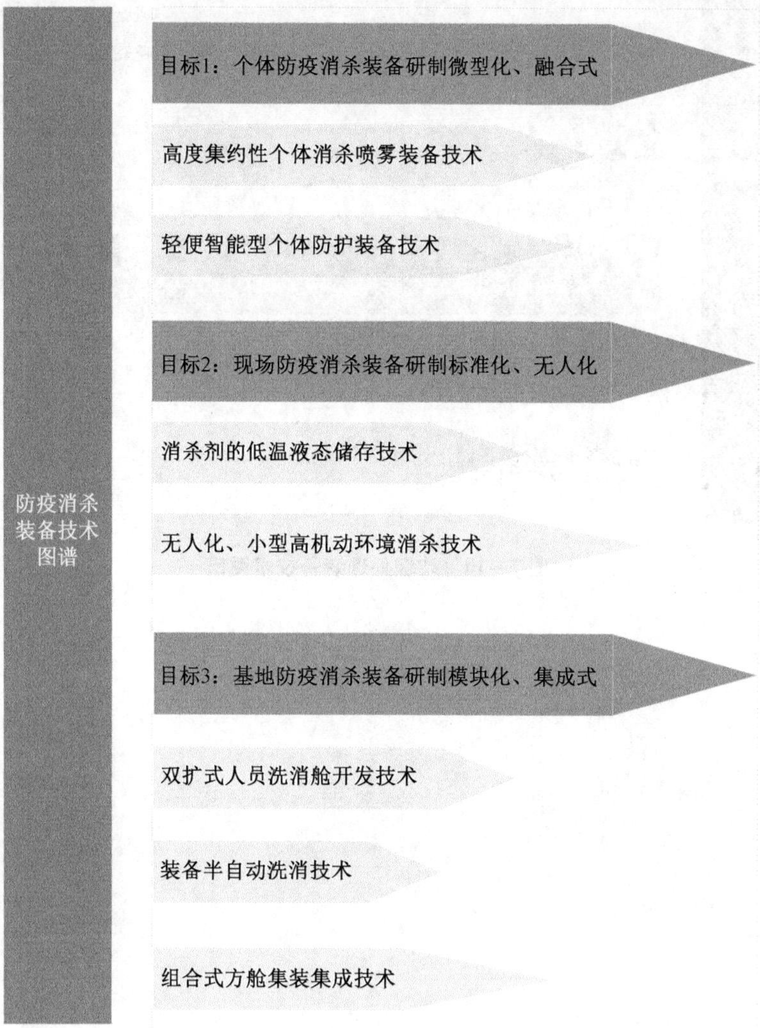

图 7－9　防疫消杀装备技术图谱

研究活性炭定向调控多效吸附等焚烧烟气处理技术。多类垃圾焚烧产生的烟气成分复杂，处理难度大。通过分析各类垃圾焚烧产生烟气成分，研究活性炭定向调控多效吸附等技术，有针对性地提升装备对主要目标组分的处理能力和效率，实现焚烧烟气达标排放。

4. 技术图谱

垃圾处理装备技术图谱见图 7－10。

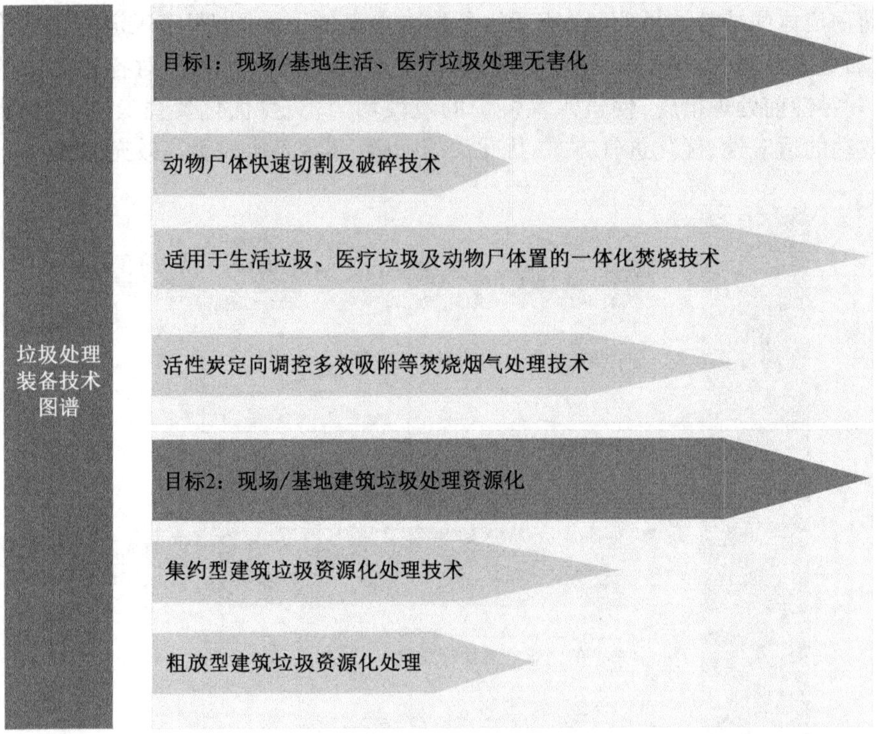

图 7－10　垃圾处理装备技术图谱

第8章 高原高寒地区灾害现场生存保障装备保障能力评估方法

能力评估是指评估主体对评估对象(客体)满足既定需求的估测过程,是通过构建指标体系来估测评估对象(客体)各种属性的量值,即满足评估主体需求的能力(价值),以综合评价原定需求被满足程度的活动。高原高寒地区灾害现场生存保障装备能力评估是以高原高寒地区灾害现场生存保障装备的技术水平和供给水平作为评估客体,利用科学可靠的评估方法,用系统的能力来衡量达到高原高寒地区灾害现场生存保障需求的程度。由于高原高地区灾害现场生存保障装备目前国内研究相对较少,本装备体系属于探索性研究,本章仅提出保障装备能力评估方法并选取供氧保障装备开展个案分析,不对高原高寒地区灾害现场生存保障装备整体保障能力进行整体实证分析。

8.1 高原高寒地区灾害现场生存保障装备保障能力评估方法流程

目前,评估方法总体来看可分为定性评估方法、定量评估方法、定性和定量相结合评估方法三类,其中定性与定量相结合的评估方法相对较多。针对高原高寒地区灾害现场生存保障装备保障能力评估方法,主要包括如下步骤。

1. 明确评估目的

为了保证评估过程的科学性、有效性和高效性,必须坚持目标导向,确定评估对象范围,反复调查了解评估对象的目标及所考虑的具体事项,熟悉高原高寒地区灾害现场生存保障装备体系,进一步分析保障能力评估时需要解决的问题。

2. 确定评估要点

根据评估的目标,集中收集有关的资料和数据,将高原高寒地区灾害现场生存保障装备体系的各个要素及性能特征进行全面的分析,找出评估的要点。

3. 建立评估指标体系

评估指标体系是高原高寒地区灾害现场生存保障装备能力评估的核心,由若干个评估指标组成的整体,应反映出所需要解决问题的各项目标要求。评估指标体系应具有科学性、客观性和全面性,包括装备的性能、费用、效用、供给保障情况、资源调配便利性等方面。评估指标体系可以在大量的资料、调查、分析的基础上得到,也可通过专家调研得到。

4. 选择评估方法

根据评估指标体系数据的可获取性,选择合适的评估方法。由于高原高寒地区灾害现场生存保障装备涉及面广,同时考虑到不同灾害类型、灾害严重程度等因素对保障能力的需求各不相同。因此,目前高原高寒地区灾害现场生存保障装备保障能力评估是一个分析与综合的研究过程,选用定性与定量相结合的评估方法较为适合。

5. 开展评估研究

评估指标体系和评估方法确定以后,就可以请相关领域的专家对评估对象进行评估,专家评估的主要内容包括指标权重的确定和对定性指标的评估。一般来说,由于指标体系中的各指标之间的相对重要性不同,其对总体效能的影响也不同,因此要用专家的经验和专业知识对指标进行权重确定。有些定性指标不能直接测量,因此需要专家综合运用相关知识来确定。

6. 评估结果分析

在评估完成以后,需要完成相关的评估报告,并对评估结果进行分析,对某些对象的优缺点进行具体分析,如有可能还要提出改进方案。因为评估的目的通常不仅仅是为了得到评估结果,更多是为改进目标能力提出改进方案。

8.2 高原高寒地区灾害现场生存保障装备保障能力评估指标体系确定

8.2.1 指标体系确定原则

对于高原高寒地区灾害现场生存保障装备保障能力而言,评估指标的选取是否合适,直接影响到综合评估的结论。指标体系是一些具体的指标按照一定的结构排列的集合,每一项指标只能从一个方面反映评估对象的某些信息,若选取的指标太多,将会出现重复指标,产生干扰现象;若选取指标太少,可能缺乏足够的代表性,会产生片面性。因此,高原高寒地区灾害现场生存保障装备保障能力评估指标体系的确定,应遵循以下几个原则。

1. 系统性原则

指标体系要尽可能完整地、全面地反映和度量被评估的对象,当体系中全部指标取了定值以后,评估结果不会随其他变量改变。因此在设计指标体系时,必须系统地、全面地考虑各种影响因素,尽可能使评估的结果准确可靠。

2. 独立性原则

在设计评估指标体系时,有些指标之间往往具有一定程度的相关性,因而要采取科学的方法处理指标体系中彼此相关程度较大的因素,使得指标所包含的信息在体系中不产生冗余,避免重复,使指标体系科学地、准确地反映评估对象的实际情况。

3. 代表性原则

在对高原高寒地区灾害现场生存保障装备进行评估时,既要全面分析其相关因素,又要抓住其主体,选择最能反映评估对象效能的因素,使评估指标具有代表性。如果指标的选取过多,可能会使问题复杂化,造成维数灾难,对问题的解决不利。

4. 可分解性原则

根据指标体系的结构,通过指标的确定可以将评估问题分解,以简化评估过程。

5. 可测性原则

指标体系应易于操作和测量，便于应用到随后的评估计算分析。

8.2.2　指标体系的确定原则及其内涵

一般而言，指标体系要素有三大要素，一是能全面反映客体性能状态的属性度量体系，即通常所说的指标体系的构成；二是指标体系中各属性对总体能力的贡献影响方向，即效应取向；三是指标体系中各因素对总体能力影响的大小，即权重。

高原高寒地区灾害现场生存保障装备保障能力评估，是对生存保障装备在突发事件下发挥效能的评估，既要考虑技术水平的先进性和供给保障能力的充足性，更要考虑与高原高寒环境的适应性，还要考虑调配情况、维护保养情况及经济性等多个要素。通过广泛专家调研，形成如下指标体系，包括四个二级指标和 14 个三级指标。

表 8-1　高原高寒地区灾害现场生存保障装备保障能力评估指标体系

一级指标	二级指标	三级指标
高原高寒地区灾害现场生存保障装备保障能力评估指标体系	技术水平	技术先进性
		技术自主化水平
		技术可靠性
		模块化与集成化水平
	环境适应性	低温环境适应性
		低压环境适应性
		大风环境适应性
	供给保障能力	主要救援队伍的配备情况
		存货储备水平
		产品品种与不同救援队伍的匹配性
		即时生产保障能力
	其他水平	资源调配效率
		经济性
		维修保养便捷性

相关指标的含义如下：

技术水平是指该类装备的技术与国际主流产品相比的技术先进性程度，以及核心技术自主率、与其他保障装备的模块化及集成化保障能力，即考虑的是技术的先进性、自主性、可靠性和集成性。

环境适应性主要是指该类装备在高原高寒地区的适用情况。历史抢险救援实践表明，高原高寒地区由于低温低压等特征，存在装备性能失效或打折扣情况。因此，高原高寒地区灾害现场生存保障装备应能适应低温、低压、大风、紫外线强等环境要求。

供给保障能力主要是指该类装备目前国内的生产保障能力、现有库存周转情况、主要救援力量的配备情况以及突发情况下的即时生产能力,考虑的是即时战备能力和动员保障战备能力。

其他能力指标主要是指经济性、维修保障便利性和资源调配效率。其中经济性主要考虑高原高寒地区灾害现场生存保障装备在全寿命期内消耗的总费用与该装备产生的效益之间的比例关系。维修保养便捷性是指在规定的条件下和规定的时间内,按规定程序和方法进行维修后,保持和恢复到规定状态的能力。资源调配效率是指相关装备是否满足便于快速周转调配要求,既是对地域空间的考虑,也是对装备本身小型化、模块化等方面的考虑。

8.3 高原高寒地区灾害现场生存保障装备保障能力评估模型确定

现代的评估方法是从经济管理领域兴起的,现代科学的发展逐步为评估工作提供了新的方法和工具,但同时由于各种学科之间的分类越来越细,学科之间的交叉关系越来越复杂,因此对评估工作的要求越来越高,包含的内容越来越多。在评估论证技术发展的过程中,逐渐地引入了运筹学、概率论、控制论、模糊数学等学科的理论方法,特别是模糊数学理论的创立,以及由于军事需要而发展起来的运筹学,在评估的发展中起到了巨大的推动作用。现代信息技术和计算机技术的发展为评估工作提供了先进的工具,使原先无法解决的问题可以通过仿真模拟得以解决。

由于评估问题涉及的因素众多,其解决方法也各不相同,现代评估方法的发展为评估问题的解决提供了越来越多的可能途径,但每一种评估方法的出现都是为了解决具有某一类特征的问题,不同的评估方法所能解决的问题也是不同的。对评估方法的分类也有许多种:从评估方式上看,可以分为定性式评估方法和定量式评估方法;从决策者人数看,可以分为单人评估方法和群体评估方法;从问题结构看,可以分为单层结构评估方法和多层结构评估方法;从评估环境看,可以分为确定性评估方法和非确定性评估方法,非确定性评估方法又可以分为模糊型方法和随机型方法;从评估对象的数目看,可以分为有限型方法和无限型方法;从评估时间看,可以分为先验型评估方法和后验型评估方法。这些分类是从不同的侧面对评估方法进行划分,分类的目的是为了在解决问题时可以根据问题的特征比较选择合适的评估方法,以提高评估的可靠性和有效性。

前面已经提到,高原高寒地区灾害现场生存保障装备保障能力评估应该选用定量分析与定性判断相结合的评估方法,本研究选取层次分析法结合模糊综合评估法构建评估模型。

8.3.1 层次分析法

层次分析法(analytic hierarchy process,AHP)是美国匹兹堡大学运筹学家萨蒂(T. L. Saaty)于20世纪70年代中期提出的一种多层次权重决策方法。层次分析法的原理是将复杂问题分解成各个组成要素,再将这些因素按支配关系分组形成递阶层次结构,通过两两比较的方式确定同一层次中诸因素的相对重要性,然后综合评估专家的判断,形成最后的综合效能评估值。整个过程体现了人的评估思维的基本特征，即分解、判断、综合。而且层次分析法是一种定性与定量相结合的方法，将人的主观判断用数量形式表达出来。它改变了长期以来决策者与决策分析者分离且难以沟通的状况，从而大大提高了评估的有效性和可操作性。

层次分析法主要可以分为以下几个步骤。

1. 分析问题，建立层次结构

应用层次分析法于非结构化、半结构化的复杂系统问题时，首先要把问题分解组合成若干部分(因素)，统称为系统的元素，如总指标、子指标、约束、属性、对象等，然后将这些元素分组形成互不相交的层次，上一层次对相邻的下一层次的元素起支配作用，这样就形成了层次间自上而下的逐层支配关系，也就是递阶层次关系。通过对问题做尽可能地了解和详尽地分析研究，建立一个有效合理的递阶层次结构，对于问题的成功解决有至关重要的意义。

(1)分类。一般而言，层次内部分为三类：

①最高(顶)层：顶层只有一个元素，一般它是所需评估问题的目标要求，也就是综合效能，本研究设定为高原高寒地区灾害现场生存保障装备保障能力。

②中间层：包括为了实现最高层评估所涉及的中间环节，它可以由若干个层次组成，包括所需考虑的约束、多极子指标等。本研究的中间层分为制氧保障、保暖保障、宿营保障、餐食保障、供水保障、油料保障、垃圾处理保障和防疫消杀保障8类。

③最底层：包括使用性能、可靠性、可维修性、机动性、环境适应性、安全性、人－机－环境系统工程要求、经济性、可操作性等方面。

(2)性质。递阶层次结构具有以下四个性质：

①层次结构中的元素一定属于一个层次，并且只能属于一个层次，不同层次元素集的交集是空集。

②同一层次中任意两个元素之间不存在支配或从属关系。

③任意一个非顶层元素必然受其上一层的一个元素支配，并且只能受其上一层中的一个元素支配。同时，非最底层的元素至少支配其下一层中的一个元素，并且只能支配其下一层中的元素。

④同一层次中的元素不存在支配关系。

2. 指标权重确定及综合计算

(1)构造比较判断矩阵并赋值。

根据所建立的指标体系层次结构，通过对某层次中各元素的相对重要性做出逐一比较判断，得出各层的判断评分，进而构成两两判断矩阵，如表8－2所示。

表8－2　判断矩阵形式

	A_1	A_2	A_3	…	A_n
A_1	a_{11}	a_{12}	a_{13}	…	a_{1n}
A_2	a_{21}	a_{22}	a_{23}	…	a_{2n}
⋮	⋮	⋮	⋮	⋮	⋮
A_n	a_{n1}	a_{n2}	a_{n3}	…	a_{nn}

在层次分析法中,引入了1~9比率标度方法对判断矩阵中的a_{ij}进行取值。这种将判断思维数学化的方法大大简化了问题的分析,使非常复杂的社会、经济以及科学管理领域中的问题定量分析成为可能。判断矩阵标度及其含义如表8-3所示。

表8-3 判断矩阵标度及其含义

标度 a_{ij}	含义
1	i因素与j因素同样重要
3	i因素比j因素稍微重要
5	i因素比j因素明显重要
7	i因素比j因素强烈重要
9	i因素比j因素极端重要
2,4,6,8,	i与j两因素重要性比较结果处于以上结果中间
倒数	j因素与i因素比较的判断 $a_{ji}=1/a_{ij}$

(2)层次单排序。

层次单排序,实质上是求出构造矩阵的最大特征值及特征向量,并确定某一层次因素对上一层次因素的影响程序,依次排出顺序。假定判断矩阵A对应于最大特征值λ_{max}的特征向量为W,计算步骤如下:

步骤一:计算判断矩阵各行元素的积M_i。

$$M_i = \prod_{j=1}^{n} a_{ij}(j = 1,2,\cdots,n) \tag{8-1}$$

步骤二:求各行M_i的n次方根:

$$P_i = \sqrt[n]{M_i} \tag{8-2}$$

步骤三:对P_i作归一化处理,即得相应的权数为

$$W_i = \frac{P_i}{\sum P_i}(i = 1,2,\cdots,n) \tag{8-3}$$

则$W=[W_1,W_2,\cdots,Wn]^T$即为所求的特征向量。

步骤四:计算判断矩阵的最大特征根λ_{max}。

$$\lambda_{max} = \sum_{i=1}^{n} \frac{(AW)_i}{nW_i} \tag{8-4}$$

式中,$(AW)_i$表示向量AW的第i个元素。

(3)一致性检验。

从理论上分析得到:如果A是完全一致的成对比较矩阵,应该有$a_{ij}a_{jk}=a_{ik}(1\leqslant i,j,k\leqslant n)$。但实际上在构造成对比较矩阵时要求满足上述众多等式是不可能的。因此,需要检验比较矩阵的一致性,步骤如下:

$$CI = \frac{\lambda_{max}(A) - n}{n-1} \tag{8-5}$$

式中,CI为衡量比较矩阵A不一致程度的指标。进而求得随机一致性比率CR值:$CR=CI/RI$,

式中 RI 为随机一致性标准值(取值见表 8-4)。当 CR 值小 0.1 时,一般认为比较矩阵具有满意的一致性;反之,CR 值大于 0.1 时,则认为矩阵不具有满意的一致性。如表 8-4 所示。

表 8.4　随机一致性标准值

维数	1	2	3	4	5	6	7	8	9
RI	0	0	0.58	0.96	1.12	1.24	1.32	1.41	1.45

8.3.2　模糊综合评估法

模糊综合评估法是应用模糊关系合成的原理,从多个因素对被评估对象隶属等级状况进行综合评估的一种方法。

1. 基本要素

模糊综合评估法包括六个基本要素如下:

(1)评估因素论域 U。U 代表综合评估中各评估因素所组成的集合。

(2)评语等级论域 V。代表综合评估中评语所组成的集合其实质是对被评估对象变化区间的一个划分。

(3)模糊关系矩阵 R。R 是单因素评判的结果,模糊综合评估所综合的对象正是 R。

(4)评估因素权向量 A。A 代表评估因素在被评估对象中的相对重要性程度,在模糊综合评估中用来对 R 做加权处理。

(5)合成算子。合成算子指合成 A 与 R 所用的计算方法。

(6)评估结果向量 B。B 是对每个被评估对象综合效能的描述。

2. 基本步骤

一般而言,模糊综合评估法包括以下几个基本步骤:

(1)首先确定评价对象的因素论域 U

$$U=(u_1,u_2,\cdots,u_n);$$

(2)确定评语等级论域 V

$$V=(v_1,v_2,\cdots,v_m);$$

(3)进行单因素评判,建立模糊关系矩阵 R

$$R=\begin{bmatrix} r_{11} & r_{12} & \cdots & r_{1m} \\ r_{21} & r_{22} & \cdots & r_{2m} \\ \vdots & \vdots & \vdots & \vdots \\ r_{n1} & r_{n2} & \cdots & r_{nm} \end{bmatrix}(0\leqslant r_{ij}\leqslant 1)$$

式中,r_{ij}为 U 中因素 u_i对应 V 中等级 v_j的隶属关系,即因素 u_i被评为 v_j等级的隶属关系,因而 r_{ij}是第 i 个因素 u_i对该事物的单因素评判,它构成了模糊综合评估的基础。

(4)确定评估因素的权向量 A。

A 是 U 中各因素对被评对象的隶属关系,它取决于人们进行模糊综合评估时的着眼点,即评估是依次着重于哪些因素。一般采用层次分析法确定评价指标间的相对重要性次序,从而确定权系数,并且在合成之前归一化。

(5)选择合成算子。

将 A 与 R 合成得到 B,模糊综合评估的基本模型为

$$B = A \cdot R$$

式中,B 为模糊算子。

(6)结果计算。

将 B 作为能力评估的依据,对模糊评估结果 B 进行分析。实际运用中最常用的方法是最大隶属度原则,但在某些情况下使用会有些勉强,损失信息很多,甚至得出不合理的评价结果。提出使用加权平均求隶属等级的方法,对于多个被评事物并可以依据其等级位置进行排序。

$$UdR = (u_1, u_2, \cdots, u_n)\begin{bmatrix} r_{11} & r_{12} & \cdots & r_{1m} \\ r_{21} & r_{22} & \cdots & r_{2m} \\ \vdots & \vdots & \vdots & \vdots \\ r_{n1} & r_{n2} & \cdots & r_{nm} \end{bmatrix}_{nm} = (b_1, b_2, \cdots, b_m) = B$$

其中,b_i表示被评事物从整体上看对 W_j等级模糊子集的隶属程度。

(7)对模糊综合评价结果向量进行分析。

实际中最常用的方法是最大隶属度原则,但在某些情况下使用会有些很勉强,损失信息很多,甚至得出不合理的评价结果。提出使用加权平均求隶属等级的方法,对于多个被评事物并可以依据其等级位置进行排序。

8.4 高原高寒地区灾害现场供氧保障装备保障能力评估实证分析

由于高原高地区灾害现场生存保障装备目前国内研究相对较少,本装备体系属于探索性研究,本节仅提出保障装备能力评估方法,不对整体保障能力进行实证分析。但为了验证评估方法的可行性,我们选择其中供氧保障装备能力作为个案进行评估。

8.4.1 供氧保障装备调研现状

目前常规的制氧方法主要有低温法、膜分离法、变压吸附法。低温法是利用氧气和氮气的沸点不同,通过将空气低温液化后精馏的方法实现气体分离,但该方法投资大、系统复杂,比较适用于大规模制氧。对于高原地区灾害现场对氧气的需求量相对较少,低温法设备成本比较大,且灾害现场一般条件恶劣,供电不足因此低温法制氧无法满足高寒地区灾害现场供氧的需求。膜分离法制氧是利用空气中氧气与其他气体在膜上扩散速度的差异来实现氧气的富集。张永虎等学者对应用于高原发动机的膜分离制氧机性能进行研究,表明膜组件加压和减压相结合的操作具有更低的功耗。膜法具有设备简单、启停快的优点,如青藏铁路列车上的富氧系统即为膜分离系统。但目前膜分离法富氧存在浓度较低,一般

不高于40%，膜容易污染老化的问题。对于灾害现场而言，大量病人和伤员需要呼吸较高浓度的氧气。因此膜法富氧无法满足高寒地区灾害现场应急供氧的需求。

变压吸附法制氧技术在高原上的应用一直受到国内外的重视。该制氧技术可广泛应用于高原地区家庭、医院、学校、政府机关及其他企事业单位。国外从20世纪开始在高原地区的科研站建立富氧室，确保高原地区工作人员的身体健康，提高工作人员的工作效率。美国智利海拔5 050 m的Chajnantor天文站建立了面积14.9 m^2，可容纳2人，富氧到27%的富氧室。加州大学在海拔3 800的白山研究所建立了一个富氧实验室，采用富氧后可有效缓解高原缺氧状况提高高原地区人员的工作效率和对高原的适应性；对富氧对人体生理活动的影响进行了研究，研究表明通过室内富氧的方法可以大大提高人的工作效率，改善人体缺氧所带来的不适。此外夏威夷的Mauna Kea天文站、Adjacent Peak天文站均通过富氧的方式缓解高海拔地区的缺氧状况。目前这些富氧站均采用变压吸附制氧的方式进行供氧。美国高原医学领域的West教授通过大量的调研和对比研究指出，变压吸附法制氧是适合于高原地区最经济的供氧方法，通过室内富氧可以大大改善人员缺氧的生理状况，提高工作效率。

针对高原高寒地区方舱用氧来说，目前变压吸附制氧技术还存在以下问题：

（1）高原高寒地区制氧过程机理研究不全面，技术优化尚不完善，导致现有变压吸附制氧机能耗高约2 kwh/m^3，约为平原地区的2～3倍，不适用于高原高寒地区救灾现场能源匮乏的状况。

（2）现有高原制氧供氧设备为非标产品，造价高，同时安装、卸拆时间长，装卸速度无法满足救灾现场需要。需开发出可快速安装卸拆、系列化模块化的制氧设备，满足高原高寒地区灾害现场快速高效制氧供氧的迫切需求。

（3）不同海拔、温度条件下，检测富氧室内富氧机的功耗、出口流量、氧气体积分数、富氧效果之间的关系，以选择富氧效果最佳的匹配值（不同海拔条件下富氧室温度、供氧流量设置的安全参数）。

（4）理想的选择是弥散富氧机可实现智能“调频”设计，开发方舱内氧气浓度检测以及智能控制技术，在供氧浓度安全范围内，弥散前期大功率快速弥散，氧气体积分数达到一定值后自动检测调频小功率维持，降低供氧浓度。预防和治疗急、慢性高原病的同时，到达节约资源的目的。

（5）实验过程中还发现随着帐篷内部氧气体积分数的升高，二氧化碳等有害气体的体积分数也随之上升。目前研究的富氧室，由于为了达到富氧室密闭保暖功能最好、富氧效果最佳、氧气浪费最低的目的，未充分考虑空气循环等问题，造成富氧室内有害气体含量过高。保障好富氧室内空气循环的同时，解决二氧化碳体积分数过高的问题将是下一步研究工作的重点。

（6）目前我国研究的高原富氧室或富氧方舱，基本上应用于军事领域，在民用高原住宿方舱领域研究较少，未形成完整的配套体系。

8.4.2　指标权重确定

采用1～9标度法，通过征求专家意见构造指标相对重要性判断矩阵。其判断矩阵如表8－5至表8－9所示。

表 8－5　第一级指标相对重要性判断矩阵

	技术水平	环境适应性	供给保障能力	其他水平
技术水平	1	1	3	5
环境适应性	1	1	3	5
供给保障能力	1/3	1/3	1	3
其他水平	1/5	1/5	1/3	1

表 8－6　“技术水平”指标相对重要性判断矩阵

	技术先进性	技术自主化水平	技术可靠性	模块化与集成化水平
技术先进性	1	1	1/3	1/5
技术自主化水平	1	1	1/3	1/5
技术可靠性	3	3	1	1/3
模块化与集成化水平	5	5	3	1

表 8－7　“环境适应性”指标相对重要性判断矩阵

	低温环境适应性	低压环境适应性	大风环境适应性
低温环境适应性	1	1	3
低压环境适应性	1	1	3
大风环境适应性	1/3	1/3	1

表 8－8　“供给保障能力”指标相对重要性判断矩阵

	主要救援队伍的配备情况	存货储备水平	产品品种与不同救援队伍的匹配性	即时生产保障能力
主要救援队伍的配备情况	1	5	5	7
存货储备水平	1/5	1	1	7
产品品种与不同救援队伍的匹配性	1/5	1	1	3
即时生产保障能力	1/7	1/7	1/3	1

表 8－9　“其他水平”指标相对重要性判断矩阵

	资源调配效率	经济性	维修保养便捷性
资源调配效率	1	5	3
经济性	1/5	1	1/3
维修保养便捷性	1/3	3	1

利用层次分析法进行权重计算，第一层权重系数归一化后为

$$W1 = [0.39, 0.39, 0.15, 0.07]$$

最大特征值 $\lambda max1 = 4.043$，$CR = 0.016 < 0.1$，通过一致性检验。

同理求出其他判断矩阵的权重向量,并进行一致性检验,最终将权重综合得到综合权重为[0.038,0.038,0.098,0.218,0.167,0.167,0.056,0.093,0.028,0.023,0.007,0.043,0.007,0.017]。

8.4.3　评估结果及分析

通过专家调研,将供氧保障装备保障能力设为四档,定义评价集 F = (90,80,70,60),其中,大于 90 为优秀,81 ~ 90 为良好,71 ~ 80 为一般,61 ~ 70 为基本合格,60 以下为不合格。

根据线性求和公式:

$$E = \sum_{i=1}^{n} W_i e_i$$

式中,E 为我国目前高原高寒地区供氧保障装备的综合保障能力值。根据最后的评价向量 E 打分形式对装备保障能力进行衡量。邀请我国高原高寒地区应急救援队、相关政府、科研单位人员对其进行打分,最终得分为

$$\begin{gathered}0.038 \times 75 + 0.038 \times 80 + 0.098 \times 70 + 0.218 \times 85 + 0.167 \times 75 + \\ 0.167 \times 80 + 0.056 \times 90 + 0.093 \times 70 + 0.028 \times 80 + 0.023 \times 70 + \\ 0.007 \times 85 + 0.043 \times 70 + 0.007 \times 65 + 0.017 \times 80 = 77.985\end{gathered}$$

综上,目前我国高原高寒地区灾害现场供氧保障装备保障能力总体为一般。

附　　录

附录 A　我国应急救援队伍现有生存保障装备现状调研

表 A－1　我国应急救援队伍现有生存保障装备现状调研

装备类别	装备名称	高原环境适用性	保障人数	设备组成及功能说明	技术指标	备注
住宿保暖装备	法国 ACD20 型充气帐篷（20 m^2）	否	约 15 人	通过电动充气泵或手动泵向帐篷内的支撑拱柱充气以支起帐篷，可用做指挥部办公或居住。由帐篷主体、电动或手动充气泵等组成	质量 7.8 kg；展开面积 20 m^2；安装时间为 2 人 2 min；电机参数为 950 W，220 V；帐篷材质：聚酯，外涂防 UV 氯丁橡胶	
	国产 84A 型帐篷	是	12 人	用于灾害现场办公或居住，能在寒区使用	总质量 201 kg；包装体积 0.574 m^3；展开体积 3.9 m×3.7 m×2.6 m；使用面积 14.43 m^2；展开/撤收时间 30 min/6 人；材质涤纶防水、阻燃帆布，化纤保暖针刺毡等	
	单人露营帐篷	否	单人	个人灾害现场使用		
	型号 ES0205 探路者睡袋	否	单人	个人灾害现场使用		
	军用毛毯	否	单人	个人灾害现场使用		
	高原型暖风机	是	约 10 人	用于高原地震救援现场帐篷内取暖、通风换气		

表 A－1(续 1)

装备类别	装备名称	高原环境适用性	保障人数	设备组成及功能说明	技术指标	备注
	平原型暖风机	否	约 10 人	用于地震救援现场帐篷内取暖、通风换气	质量 78 kg;尺寸 1 220 mm×280 mm×560 mm;动力单相交流电 220 V/50 Hz、0.32 kW;燃料轻柴油或煤油;热效率 >85%;最大耗油量 2.0 kg/h;额定供热量 20 kW;送风温度 <90 ℃;适用气温 −40 ~ 40 ℃;适用海拔 <2 000 m	
食品加工装备	自热即食或辅助食品	否	1 ~ 60 人	部队自热食品、方便面、压缩饼干、八宝粥、米面油等	满足 7 ~ 10 天应急救援队伍自我供给	
	迷你炊事用具	否	单人	用于主食加热		
	个人餐盒	否	单人	用于个人饮食		
	移动式野战炉灶	否	1 ~ 60 人	用于应急救援队伍食品加工		
	国产重庆红岩牌 CQ1190B46T 型生活集装箱救援车	否	1 ~ 60 人	集装箱内配备炊事、饮水、洗消等设备,为应急救援人员提供生活保障。由牵引车、液压拖挂设备和后勤集装箱组成。集装箱内设备包括供电系统、燃气系统、供水系统、废水排放系统、照明系统、通风排气系统、洗消淋浴系统、防冻供暖系统等	WD615A 型 6 缸水冷柴油发动机;发动机功率 260 马力(191 kW;最高车速 92 km;最大爬坡 32%;最小转弯半径 20 m;最小离地间隙 325 mm;接近角 19°;离去角 14°;百公里耗油(满载) 32 L;整车质量8 600 kg;满载质量 10 400 kg;允许最大总质量 19 000 kg;驱动 4×2 商用货车;轴距 4 600 mm;制动距离 <9.5 m;油箱总容积 190 L;总质量 19 t;整车尺寸 8 600 mm×2 700 mm×3 700 mm;使用年限大于 20 年	

表 A－1(续 2)

装备类别	装备名称	高原环境适用性	保障人数	设备组成及功能说明	技术指标	备注
净水饮水装备	国产 SNSJ03 － 400 净水装置	否	1～60 人	为灾害现场提供生活饮用水。净水装置投入使用后,应确保其每天运行 1～2 h,以防细菌在超滤膜内滋生;当装置连续停机 48 h 以上,必须向滤器内灌装保护液	质量 35 kg;外形尺寸 420 mm×300 mm×850 mm;净水能力 300～400 L/h;出水水质符合生活饮用水标准	生活饮用水标准
	保温杯	是	单人	用于个人饮水	—	
	自动净水杯	否	单人	用于个人饮水	—	
	便携水袋	否	单人	用于个人饮水	—	
医疗急救装备	个人医救包	否	单人	用于个人紧急救护	—	
	国产矩五拱Ⅵ型帐篷(网架帐篷)	否	约 30 人	作为灾害现场救护所使用。帐篷骨架为薄壁铝合金管,折叠式网架结构;雨、雪或大风后要及时检查拉绳、地桩并及时清理积水、积雪。篷内钢丝绳圈不能挂过重物品	总质量 286 kg;包装体积 1.40 m^3;使用面积 37.28 m^2;底面积 45.10 m^2;展开/撤收时间:10 min/8 人;材质:迷彩涂层牛津布、白色涂层牛津布	
	国产依维柯 A49.12 型医疗救助车	否	1～60 人	经内部结构改造,装载基本医疗设备和辅助用具,为灾害现场的伤员提供救治和运输	国产依维柯底盘;发动机型号 SOFIM8140.47;功率 116 马力(85 kW)排量 2.449 L;最高车速 105 km/h;最大爬坡 33%;最小转弯半径 13.9 m;百公里耗油 11 L;整车质量 3 060 kg;允许最大总质量 5 000 kg;满载质量 5 000 kg;最小离地间隙前/255 mm 后/222 mm;油箱总容积 70 L;整车尺寸长×宽×高 6 870 mm×2 000 mm×2 752 mm	

表 A-1（续3）

装备类别	装备名称	高原环境适用性	保障人数	设备组成及功能说明	技术指标	备注
垃圾处置装备	PP165 型便携式坐便器	否	单人	地震救援现场方便之用	水箱容积 15 L;使用温度 -20 ℃以上;污物箱容积 21 L;排出口可旋转 1 万次以上;承重 200 kg;使用寿命 20 年	
	厕所帐篷	否	5~10 人	地震救援现场方便之用	公用	
防疫消杀装备	探路者 20 升型太阳能沐浴器	否	1~3 人	用于野外及地震救援现场洗浴	净重 0.3 kg;尺寸 40 cm×58 cm;容积20 L;材质 PVC 塑胶;注入 20 ℃的水温变化（太阳直射下）1 h:24 ℃;2 h:32 ℃;3 h:40.5°	
	HUGHES 公司 CUPOLAdecon5 型沐浴帐篷系统	否	1~15 人	用于野外及地震救援现场多人洗浴。由帐篷主体、发电机组、液压供水泵、废水排放泵、便携式存储器、加热器、暖风加热器、电空气充气机等配套设备组成	质量 150 kg;展开尺寸 5.45 m×4.0 m×3.0 m;包装尺寸:1.40 m×6.80 m×7.50 m;水流量 75 L/min;液压供水泵电压 220 V、功耗 0.8 kW;废水排放泵电压 230 V/50 Hz、功耗 250 W;暖风机电压 230 V;全油量工作时间 15 h;暖风最高温 140 ℃;暖风流量 1 100 m^3/h	
	简易洗消系统	否	—	用于行动基地应急救援人员洗消	—	
	模块淋浴箱组	否	—	用于野外及地震救援现场洗浴	—	
电能保障装备	日本 YAMAHA 公司汽油发电机	否	10~20 人	单缸四冲程汽油发动机作为动力源，可为 220 V/50 Hz 电动设备提供动力。EF13000 发电机可为 220 V/50 Hz 和 380 V/50 Hz 电动设备提供动力。由汽油发动机、发电机组成	净重 41 kg;尺寸 510 mm×415 mm×425 mm;额定电压 220 V;频率 50 Hz;最大输出 2.3 kVA;额定输出 2.0 kVA;额定电流 9.1 A;起动方式手起动;燃料汽油;油箱容积 12 L;噪声水平 65 dBA/7 m	

表 A－1(续 4)

装备类别	装备名称	高原环境适用性	保障人数	设备组成及功能说明	技术指标	备注
照明保障装备	法国贝麦克斯公司 AIR-STAR 型月球灯	否		用于灾害现场照明,可移动使用,由三角灯架、月球灯组成	质量 42 kg;灯罩高度 600 mm;灯罩直径 900 mm;工作高度 2～5.5 m;电源 230 V/50 Hz;连续功率 2 000 W;电缆长度 10 m;充气时间 45 s	
	法国贝麦克斯公司 RS500 型 500W 照明灯	否		用于灾害现场照明,可移动使用,由500 W 照明灯头、三角架组成	电源 220 V;射灯功率 500 W;缩合高度 1 051 mm;拉出高度 1 650 mm;固定柱直径 30 mm	
	德国施密茨公司平卧式闪光警示照明灯	否		用于灾害现场警示照明,可移动使用		
	法国贝麦克斯公司 QT6M 型气动升降照明灯	否		用于灾害现场照明,可移动。由气动升降灯杆、灯头组成	升降杆质量 6.9 kg;顶端灯具功率 500 W;灯杆升起高度 6.11 m;缩回高度 1.49 m 底部直径 63.5 mm;最大顶部承重4.5 kg;升降杆节数 6 节;最大承受风速(有牵索)80 km/h;最大承受风速(无牵索)128 km/h;最大工作压力 180 kPa	

附录B　高原高寒地区灾害现场生存保障装备技术调查样表

表B－1　装备技术基本描述表(技术编号:自动生成)

1. 技术来源	规划计划□　技术预见□　科技情报□　其他□	
2. 技术分类	基础技术□　应用技术□　新兴技术□	
3. 技术名称		
4. 领域信息	技术领域	
	技术方向	
	技术子方向	

5. 技术定义(概念,名词描述)

6. 研究内涵及研究重点(150字)

7. 技术影响(作用意义,100～200字)

8. 国内外情况(200字)

9. 未来10年发展趋势(150字,包含时间节点、技术指标)

10. 技术辨识信息(关键词)

11. 支撑本技术发展所需的技术(梳理支撑本技术发展的瓶颈技术、上游技术)

12. 对装备的支撑(技术对装备支撑,复选打√)
应急准备装备□　监测预警装备□　宿营装备□　供水装备□　餐食装备□　供暖保障装备□
供氧保障装备□　紧急医疗救援装备□　垃圾处理装备□　防疫洗消装备□　供油装备□
照明装备□　动力保障装备□　安全防护装备□　通信装备□

表 B－2　生存保障装备技术调查表

类别	专家职称	专家熟悉程度	技术发展现状			我国未来发展		我国发展途径				对应急领域影响				
			世界当前发展状态	领先国家	我国当前发展状态	5 年后预计状态	10 年后预计状态	研发基础	研发途径	经济可行性	技术风险度	对应急装备发展的促进作用	对应急保障能力提升的作用	对未来五年技术突破的影响	解决科技发展技术瓶颈情况	对经济发展影响
	1. 院士；2. 正高级；3. 副高级；4. 其他	1. 很熟悉；2. 熟悉；3. 了解；4. 不熟悉	1. 原理探索；2. 突破技术关键；3. 原理样机；4. 工程样机；5. 工程应用	1. 美国；2. 俄罗斯；3. 欧盟；4. 日本；5. 其他；	1. 领先；2. 同步；3. 落后 5～10 年；4. 落后 10 年以上；5. 不知道	1. 原理探索；2. 突破技术关键；3. 原理样机；4. 工程样机；5. 工程应用	1. 原理探索；2. 突破技术关键；3. 原理样机；4. 工程样机；5. 工程应用	1. 好；2. 较好；3. 中；4. 较差；5. 不知道；	1. 自主；2. 模仿；3. 引进；4. 依托国家；5. 不知道	1. 完全可承受；2. 基本可承受；3. 不可承受；4. 不知道	1. 可控；2. 基本可控；3. 不可控；4. 不知道	1. 高；2. 较高；3. 中；4. 较低；5. 不知道	1. 高；2. 较高；3. 中；4. 较低；5. 不知道	1. 高；2. 较高；3. 中；4. 较低；5. 不知道	1. 高；2. 较高；3. 中；4. 较低；5. 不知道	1. 高；2. 较高；3. 中；4. 较低；5. 不知道
技术 1																
技术 2																

参考文献

[1] 高钰琪. 高原军事医学[M]. 重庆:重庆出版社,2005.

[2] 张宏军. 武器装备体系原理与工程方法[M]. 北京:电子工业出版社,2019.

[3] 赵峰. 海军武器装备体系论证方法与实践[M]. 北京:国防工业出版社,2016.

[4] 赵立军,任昊利,张晓清. 军用装备体系结构论证方法[M]. 北京:国防工业出版社,2010.

[5] 沈雪石,吴集,安波,等. 装备技术体系设计理论与方法[M]. 北京:国防工业出版社,2014.

[6] 郭齐胜,樊延平,穆歌,等. 装备需求论证理论与方法[M]. 北京:电子工业出版社,2017.

[7] 张兵志,郭齐胜. 陆军武器装备需求论证理论与方法[M]. 北京:国防工业出版社,2012.

[8] 王运斗. 灾害医学救援装备导论[M]. 北京:科学出版社,2019.

[9] 魏兆磊,陈春良,王磊,等. 保障装备体系构建的系统工程方法[J]. 火力与指挥控制,2018,43(4):178-182.

[10] 于同刚,于洪敏,陈爱国. 美军武器装备需求生成机制研究[J]. 兵工自动化,2009,28(1):12-13.

[11] 蒋明,张世富,张冬梅,等. 美国应急装备体系分析[J]. 中国应急救援,2014(5):39-43.

[12] 黄东方. 我国应急救援装备体系的构建[J]. 消防科学与技术,2019,38(01):136-139.

[13] 王侃,王金良,樊延平,等. 基于能力的装备需求论证模式[J]. 装甲兵工程学院学报,2014,28(3):6-10.

[14] 陈虹. 突发事件应急救援标准及地震应急救援标准建设[M]. 北京:地震出版社,2014.

[15] 赵新爽,彭志明,陈忠宽. 基于 DoDAF 2.0 的武器装备体系需求分析[J]. 空军预警学院学报,2013,27(5):370-373.

[16] 中华人民共和国国务院办公厅. 国务院办公厅关于加快应急产业发展的意见(国办发[2014]63 号)[EB/OL]. (2014-12-24)[2019-08-09]. http://www.gov.cn/zhengce/content/2014-12/24/content_9337.htm.

[17] 于川信. 联勤概论[M]. 北京:军事科学出版社,2011.

[18] 方振东,张志顺. 信息化条件下野营保障专业技术支援力量建设与运用[M]. 北京:国防大学出版社,2016.

[19] 赵正宏. 应急救援个体防护装备[M]. 北京:气象出版社,2017.

[20] 张小平,李进伟,吴启晖. 当代军事后勤新论[M]. 北京:国防工业出版社,2000.

[21] 孔平,任利生. 地震应急救助技术与装备概论[M]. 北京:地震出版社,2001.

[22] 曹海峰. 非常规突发事件应急预案研究:基于情景构建的视角[M]. 北京:社会科学文献出版社,2019.

[23] 文宏,马丽娜. 政府备灾能力构建的借鉴与启示:基于美国的经验[J]. 中国行政管理,2015(2):135-140.

[24] “中国工程科技2035发展战略研究”项目组. 中国工程科技2035发展战略:综合报告[M]. 北京:科学出版社,2019.

[25] “中国工程科技2035发展战略研究”项目组. 中国工程科技2035发展战略:技术预见报告[M]. 北京:科学出版社,2020.

[26] 方荣华,李俊梅,邓学学. 玉树地震应急救援人员高原反应特点及护理对策[J]. 护理研究,2011,25(4):1008-1009.

[27] 魏静,许兆义,李成,等. 青藏铁路建设中高寒缺氧及保障问题的研讨[J]. 中国安全科学学报,2006,16(4):72-75.

[28] 胡南,万立东,单沙林,等. 北京急救中心赴青海玉树地震救援的应急保障[J]. 中国急救复苏与灾害医学杂志,2011,6(2):103-105.

[29] 胡剑文. 武器装备体系能力指标的探索性分析与设计[M]. 北京:国防工业出版社,2009.

[30] U. S. DoD. Quadrennial Defense Review Report[R]. Washington, D. C.: Department of Defense,2001.

[31] U. S. DoD. Joint Capability Integrated Development System[R]. Washington, D. C.: Department of Defense,2003.

[32] U. S. DoD. Operation of the Joint Capabilities Integration and Development Syetem[R]. Washington,D. C.: Department of Defense,2015.

[33] U. S. DoD. Joint Capabilities Integration and Development Syetem[R]. Washington,D. C.: Department of Defense,2015.

[34] U. S. DoD Deputy Chief Information Officer. DoD Architecture Framework(Version 2.02)[R]. Washington,D. C.: Department of Defense,2010.

[35] 王建平,张云昌,刘旋,等. 高寒地区应急救援装备测试初探[J]. 中国应急救援,2016(3):46-48.

[36] 中国标准化委员会. 特殊环境条件分级　第3部分:高原:GB/T 19608.3—2004[S]. 北京:中国质检出版社,2014.

[37] 中国标准化委员会. 特殊环境条件高原机械　第2部分:高原对工程机械的要求:GB/T 20969.2—2007[S]. 北京:中国质检出版社,2014.

[38] 中华人民共和国住房和城乡建设部. 民用建筑热工设计规范:GB 50176—2016[S]. 北京:中国建筑工业出版社,2017.

[39] 中国标准化委员会. 机械产品环境技术要求寒冷环境:GB/T 14093.2—2009[S]. 北京:中国质检出版社,2014.

[40] 田海宁,王善鲤. 高原高寒边境地区应急机动作战车辆装备保障的几点思考[J]. 汽车运用,2014(10):17-18.

[41] 鲁斌. 高原高寒地区非战争军事行动应急运输保障对策简探[J]. 汽车运用,2009(03):22.

[42] 曹芳,刘剑伟,于广远,等. 我军高原寒区野战医疗队卫生装备建设的研究概况[J]. 实用医药杂志,2005,22(6):547-550.

[43] 牛文忠,林合成. 西藏高原高寒条件下提高部队生存能力的措施[J]. 解放军预防医学杂志,2000(03):78-80.

[44] 汉瑞娟,陆皓,李娟,等. 高原地区护理人员灾害救护核心能力体系的构建[J]. 中华护理杂志,2012,47(7):585-587.
[45] 石梅生,刘晓军,马军,等. 高原制供氧技术与装备一体化解决方案[J]. 军事医学,2014(9):699-703.
[46] 吕爱会,邓橙,朱孟府,等. 高原环境下制供氧技术研究进展[J]. 当代化工,2018,47(001):105-108.
[47] 冉庄,罗勇军. 高原制氧供氧技术及合理用氧研究进展[J]. 人民军医,2019,62(05):466-470.
[48] 梁俊,肖灯勇,余剑能. 高原高寒地区平时营房保障存在问题及对策浅析[J]. 中国储运,2009(4):103-104.
[49] 于晓宏. 高原高寒地区作战卫勤保障难点及对策[J]. 海军总医院学报,2010(03):43-45.
[50] 张俊体,董锐,张维国,等. 高原高寒地区抗震救灾军需保障探讨[J]. 军事经济研究,2010,31(11):64-66.
[51] 马宁,丁晓珏,李海欣. 西藏高原地区给排水设计的难点及解决方法[J]. 给水排水,2009,35(01):88-90.
[52] 马延强. 高原地区给水水泵与电机选型设计[J]. 净水技术,2018,37(06):104-107.
[53] 刘传兰,汉瑞娟,陆皓. 高原地区突发灾害伤护理保障进展[J]. 齐鲁护理杂志(下旬刊),2011,17(09):43-44.
[54] 顾汝彬,王成恺,张信. 赴藏车辆装备高原适应性技术改进[J]. 汽车运用,2013(12):20-21.
[55] 朱涛,高伟,曹平,等. 某部高原地区抗震救灾卫生防疫的做法[J]. 解放军预防医学杂志,2012(02):137-138.
[56] 张俊才,周林,钟志宏,等. 汶川地震灾区进行卫生防疫消杀工作的经验[J]. 中国消毒学杂志,2009,26(002):226.
[57] 青海省行政学院课题组. 玉树地震应急处置与救援阶段工作评估报告[M]. 西宁:青海人民出版社,2012.
[58] 熊利泽,李晓康,刘涛. 国家级应急医疗救援队参加玉树地震医疗救援启示[J]. 解放军医院管理杂志,2010,17(008):704-706.
[59] 魏捍东,刘洪强. 高原缺氧地区地震救援特点和对策[J]. 消防科学与技术,2010,29(12):1 110-1 113.
[60] 杜京武,张连华,鞠胤宏. 高寒地区电采暖供热技术需求[J]. 电力需求侧管理,2002(03):15-17.
[61] 唐维伟,唐维龙. 高寒地区太阳能采暖新技术应用[J]. 甘肃科技,2007,23(004):174-175.
[62] 冯杰,姜辉,郎森阳,等. 高原环境对地震应急救援人员心理健康的影响[J]. 解放军医院管理杂志,2015(09):831-833.